U0515761

海上絲綢之路基本文獻叢書

〔乾隆〕崖州志（上）

〔清〕張擢士 纂修

文物出版社

圖書在版編目（CIP）數據

［乾隆］崖州志．上／（清）張擢士纂修．-- 北京：文物出版社，2022.7
（海上絲綢之路基本文獻叢書）
ISBN 978-7-5010-7643-7

Ⅰ．①乾… Ⅱ．①張… Ⅲ．①三亞市－地方志－清代 Ⅳ．①K296.63

中國版本圖書館 CIP 數據核字（2022）第 089203 號

海上絲綢之路基本文獻叢書

〔乾隆〕崖州志（上）

纂　　修：〔清〕張擢士
策　　劃：盛世博閱（北京）文化有限責任公司

封面設計：鞏榮彪
責任編輯：劉永海
責任印製：王　芳

出版發行：文物出版社
社　　址：北京市東城區東直門内北小街 2 號樓
郵　　編：100007
網　　址：http://www.wenwu.com
經　　銷：新華書店
印　　刷：北京旺都印務有限公司
開　　本：787mm×1092mm　1/16
印　　張：17.375
版　　次：2022 年 7 月第 1 版
印　　次：2022 年 7 月第 1 次印刷
書　　號：ISBN 978-7-5010-7643-7
定　　價：98.00 圓

本書版權獨家所有，非經授權，不得複製翻印

總緒

海上絲綢之路，一般意義上是指從秦漢至鴉片戰爭前中國與世界進行政治、經濟、文化交流的海上通道，主要分爲經由黄海、東海的海路最終抵達日本列島及朝鮮半島的東海航綫和以徐聞、合浦、廣州、泉州爲起點通往東南亞及印度洋地區的南海航綫。

在中國古代文獻中，最早、最詳細記載『海上絲綢之路』航綫的是東漢班固的《漢書・地理志》，詳細記載了西漢黄門譯長率領應募者入海『齎黄金雜繒而往』之事，書中所出現的地理記載與東南亞地區相關，并與實際的地理狀况基本相符。

東漢後，中國進入魏晋南北朝長達三百多年的分裂割據時期，絲路上的交往也走向低谷。這一時期的絲路交往，以法顯的西行最爲著名。法顯作爲從陸路西行到印度，再由海路回國的第一人，根據親身經歷所寫的《佛國記》（又稱《法顯傳》）一書，詳細介紹了古代中亞和印度、巴基斯坦、斯里蘭卡等地的歷史及風土人情，是瞭解和研究海陸絲綢之路的珍貴歷史資料。

隨着隋唐的統一，中國經濟重心的南移，中國與西方交通以海路爲主，海上絲綢之路進入大發展時期。廣州成爲唐朝最大的海外貿易中心，朝廷設立市舶司，專門管理海外貿易。唐代著名的地理學家賈耽（七三〇～八〇五年）的《皇華四達記》記載了從廣州通往阿拉伯地區的海上交通『廣州通夷道』，詳述了從廣州港出發，經越南、馬來半島、蘇門答臘半島至印度、錫蘭，直至波斯灣沿岸各國的航綫及沿途地區的方位、名稱、島礁、山川、民俗等。譯經大師義净西行求法，將沿途見聞寫成著作《大唐西域求法高僧傳》，詳細記載了海上絲綢之路的發展變化，是我們瞭解絲綢之路不可多得的第一手資料。

宋代的造船技術和航海技術顯著提高，指南針廣泛應用於航海，中國商船的遠航能力大大提升。北宋徐兢的《宣和奉使高麗圖經》詳細記述了船舶製造、海洋地理和往來航綫，是研究宋代海外交通史、中朝友好關係史、中朝經濟文化交流史的重要文獻。南宋趙汝適《諸蕃志》記載，南海有五十三個國家和地區與南宋通商貿易，形成了通往日本、高麗、東南亞、印度、波斯、阿拉伯等地的『海上絲綢之路』。宋代爲了加强商貿往來，於北宋神宗元豐三年（一〇八〇年）頒佈了中國歷史上第一部海洋貿易管理條例《廣州市舶條法》，并稱爲宋代貿易管理的制度範本。

元朝在經濟上採用重商主義政策，鼓勵海外貿易，中國與歐洲的聯繫與交往非常頻繁，其中馬可•波羅、伊本•白圖泰等歐洲旅行家來到中國，留下了大量的旅行記，記録元代海上絲綢之路的盛況。元代的汪大淵兩次出海，撰寫出《島夷志略》一書，記録了二百多個國名和地名，其中不少首次見於中國著録，涉及的地理範圍東至菲律賓群島，西至非洲。這些都反映了元朝時中西經濟文化交流的豐富内容。

明、清政府先後多次實施海禁政策，海上絲綢之路的貿易逐漸衰落。但是從明永樂三年至明宣德八年的二十八年裏，鄭和率船隊七下西洋，先後到達的國家多達三十多個，在進行經貿交流的同時，也極大地促進了中外文化的交流，這些都詳見於《西洋蕃國志》《星槎勝覽》《瀛涯勝覽》等典籍中。

關於海上絲綢之路的文獻記述，除上述官員、學者、求法或傳教高僧以及旅行者的著作外，自《漢書》之後，歷代正史大都列有《地理志》《四夷傳》《西域傳》《外國傳》《蠻夷傳》《屬國傳》等篇章，加上唐宋以來衆多的典制類文獻、地方史志文獻，集中反映了歷代王朝對於周邊部族、政權以及西方世界的認識，都是關於海上絲綢之路的原始史料性文獻。

海上絲綢之路概念的形成，經歷了一個演變的過程。十九世紀七十年代德國地理學家費迪南・馮・李希霍芬（Ferdinad Von Richthofen，一八三三～一九〇五），在其《中國：親身旅行和研究成果》第三卷中首次把輸出中國絲綢的東西陸路稱爲『絲綢之路』。有『歐洲漢學泰斗』之稱的法國漢學家沙畹（Édouard Chavannes，一八六五～一九一八），在其一九〇三年著作的《西突厥史料》中提出『絲路有海陸兩道』，蘊涵了海上絲綢之路最初提法。迄今發現最早正式提出『海上絲綢之路』一詞的是日本考古學家三杉隆敏，他在一九六七年出版《中國瓷器之旅：探索海上的絲綢之路》中首次使用『海上絲綢之路』一詞；一九七九年三杉隆敏又出版了《海上絲綢之路》一書，其立意和出發點局限在東西方之間的陶瓷貿易與交流史。

二十世紀八十年代以來，在海外交通史研究中，『海上絲綢之路』一詞逐漸成爲中外學術界廣泛接受的概念。根據姚楠等人研究，饒宗頤先生是華人中最早提出『海上絲綢之路』的人，他的《海道之絲路與昆侖舶》正式提出『海上絲路』的稱謂。選堂先生評價海上絲綢之路是外交、貿易和文化交流作用的通道。此後，大陸學者馮蔚然在一九七八年編寫的《航運史話》中，使用『海上絲綢之路』一詞，這是迄今學界查到的中國大陸最早使用『海上絲綢之路』的人，更多地限於航海活動領域的考察。一九八〇年北京大學陳炎教授提出『海上絲綢之路』研究，并於一九八一年發表《略論海上絲綢之路》一文。他對海上絲綢之路的理解超越以往，且帶有濃厚的愛國主義思想。陳炎教授之後，從事研究海上絲綢之路的學者越來越多，尤其沿海港口城市向聯合國申請海上絲綢之路非物質文化遺産活動，將海上絲綢之路研究推向新高潮。另外，國家把建設『絲綢之路經濟帶』和『二十一世紀海上絲綢之路』作爲對外發展方針，將這一學術課題提升爲國家願景的高度，使海上絲綢之路形成超越學術進入政經層面的熱潮。

與海上絲綢之路學的萬千氣象相對應，海上絲綢之路文獻的整理工作仍顯滯後，遠遠跟不上突飛猛進的研究進展。二〇一八年厦門大學、中山大學等單位聯合發起『海上絲綢之路文獻集成』專案，尚在醖釀當中。我們不揣淺陋，深入調查，廣泛搜集，將有關海上絲綢之路的原始史料文獻和研究文獻，分爲風俗物産、雜史筆記、海防海事、典章檔案等六個類别，彙編成《海上絲綢之路歷史文化叢書》，於二〇二〇年影印出版。此輯面市以來，深受各大圖書館及相關研究者好評。爲讓更多的讀者親近古籍文獻，我們遴選出前編中的菁華，彙編成《海上絲綢之路基本文獻叢書》，以單行本影印出版，以饗讀者，以期爲讀者展現出一幅幅中外經濟文化交流的精美畫卷，爲海上絲綢之路的研究提供歷史借鑒，爲『二十一世紀海上絲綢之路』倡議構想的實踐做好歷史的詮釋和注脚，從而達到『以史爲鑒』『古爲今用』的目的。

凡例

一、本編注重史料的珍稀性，從《海上絲綢之路歷史文化叢書》中遴選出菁華，擬出版百册單行本。

二、本編所選之文獻，其編纂的年代下限至一九四九年。

三、本編排序無嚴格定式，所選之文獻篇幅以二百餘頁爲宜，以便讀者閱讀使用。

四、本編所選文獻，每種前皆注明版本、著者。

五、本編文獻皆爲影印，原始文本掃描之後經過修復處理，仍存原式，少數文獻由於原始底本欠佳，略有模糊之處，不影響閱讀使用。

六、本編原始底本非一時一地之出版物，原書裝幀、開本多有不同，本書彙編之後，統一爲十六開右翻本。

目録

〔乾隆〕崖州志（上）

〔乾隆〕崖州志（上）

卷一至卷四

〔清〕張擢士 纂修　〔清〕李如柏 增補　〔清〕宋錦 增輯

清抄本

重修崖州志序

國有史郡邑有志其義一也凡山川形勝土田賦役吏治人材民風物産胥於是乎觀焉無論通都大邑山陬海澨均宜搜羅紀載

以昭一道同風之盛未可
因循固陋使歷朝勝蹟
昭代芳規俱就湮没後世
留心文獻者悼嘆於考據
之無由也壬申之歲余署
理瓊郡敷政寧人之暇即

思率同僚屬纂修各志而
五日京兆匆匆未遑越二
年甲戌恭承
簡命復蒞瓊南崖州則駐劄所
也入其境士業詩書民安
耕鑿野有椰椰之利山有

香藤之饒顧而樂之幾不
知炎荒瘴癘之可虞矣及
欲覽其志乘以考歷代之
興衰而片板隻字無復存
者則颶風白蟻州署傾圮
之故也　州牧宋君惕然

憂之廣咨博訪得殘編於
儒士之家復取省府各志
參互考訂以求至是且舊
志成於康熙三十三年甲
戌後此六十年來平黎防
海儒行節烈各事蹟以及

政令之損益吏治之循良人文之蔚起一切舊志所未載者咸於委蛇退食時悉心採輯手自裁定務期去僞存眞足以信今而傳後至於折衷參訂編次校

閱　學正黄君亦與有勞
焉夫宋牧之爲政也禮士
愛民寧靜不擾諄諄以正
風俗撫黎岐爲己任其經
營措置適獲我心乃復於
炎荒瘴癘簿書鞅掌中殿

殷然徵文考獻樂此不疲焉其爲務也勤矣而前美克彰後世有述其所裨益豈淺鮮哉余同城視事得之目擊者眞且樂其成余夙志也爰舉其巔末弁言

於首

旹

龍飛乾隆二十年歲次乙亥春

王上浣之吉

誥授奉政大夫同知廣東瓊州

府事秀水李璜拜撰

卷之一

舊序

康熙三十三年崖州知府李如柏撰

記稱東不盡東海南不盡衡山西不盡流沙北不盡恆山蓋舉四處爲盡境具有不盡亦無幾矣元史天文志四海測景之所東極高麗西至滇

池南踰珠崖北盡鐵勒視記
所稱殆又過之雄哉漢武驅
駕英傑縱横拓地萬里故其
幅幀較昔爲特廣豈嚴助朱
買臣司馬相如輩所得啓其
侈心哉元鼎六年平南越遂

以其地爲南海蒼梧鬱林合浦交阯九眞日南珠崖儋耳九郡比合百粵僅畫郡爲九而南溟一區珠崖儋耳輒居其二亦甚豔此奇甸矣又豈伏波樓船所得擅其偉烈哉

厥後元帝用賈捐之議罷棄
珠崖嘻何不及乃祖遠甚猶
幸光武復使内屬歷今千八
百餘年民習熙風士守禮教
棄何可言歟
今天子出震繼離重熙累洽東

西朔南罔不率俾武功邁乎
西漢文治比於成周旣修前
史成實錄旋令四方郡縣以
及海隅日出之邦咸得紀其
山川土田民風物産彙爲成
書以入貢洵甚盛典稽有明

永樂十六年詔纂天下郡縣志景泰六年詔修寰宇通志車書一統先後同揆蓋其時矣珠崖僻於島末永展輿圖視之有如彈丸黑子然處南服盡境鯨波再涉過此並無一

城益見聲教所被無遠弗屆且自古貶忠逐良驅凶放慝得道於斯失道於斯考風者寧不汲汲乎如有承乏遑謝不敏惟自兵燹以來遺文故實悉付灺燼崖中人士又鮮

與贊襄者求如新唐書紀表
志出於歐陽永叔列傳出於
宋景文各具手眼不相蒙襲
安得萌此侈想爰以薄書餘
晷寸心隻手蒐羅裒輯知殿
九州之末而不必繁因居邊

境之盡而不可畧自隸瓊管
之後而不敢任旣有珠崖之
名而不容讓事惟求實文惟
從簡取材於前丁己所修之
府志而酌古準今徵有一得
綱領條目無不異同凡陵谷

遷變戶口登耗政治隆替風
俗貞淫亦庶幾其畧備焉文
中子議遷固之爲史也曰記
煩而志寡知其義者可與言
志矣是爲序

崖州志目錄

卷之十

藝文志

文　詩

崖州志卷之一

知州　宋　錦　增輯
學正　黄德厚　分修

疆域志

序曰：古者量地以制邑，度地以居民，地邑民居必參相得，則建邦守土，其於山川阨塞、户井繡錯，誠有不容略者。珠崖地處南極，幅幁寥廓，外海内黎，控撫匪易。而木拔道通，人民殷富，俗尚醇厖，蒸蒸稱日盛焉。司牧者欲因地制宜，得所

資而理也作疆域志

星野

崖之分星野屬揚州之域按瓊州志分註云禹貢揚州之域起自今江南上下二江以南歷浙閩廣皆其地所謂淮海維揚州是也

星紀之次婺女初二度六分三十八抄按授時歷黃道星紀之次起南斗二度七十六分八十六抄終斗二十三度四十七分牽牛六度九十分盡婺女二度六分三十八抄凡二十九度六十六分五十三抄而赤道則十二次皆同明以揚越之地均而得之則吳越及閩俱屬南斗二十度廣屬牽牛六度而瓊地方千里只屬婺女二度蓋女初二度孤懸星紀之次與瓊地千餘里孤懸大海之中殆相類也且婺女之宿為度凡十有

一而具初二度不離星體星體所臨之地氣充獨鍾故於瓊也巋然黎婺一山挺峙天外崖地屬瓊則星野當與郡同也

南海北極出地一十五度史曰南適珠崖蓋適珠崖而南盡海而止也止有十五度者地既卑下又以黎婺五指諸山蔽乎其地故北極出地度止此耳

沿革

按珠崖分野屬揚州之域星次婺女度唐虞以來為揚越荒徼秦為越郡外境

漢武帝元鼎六年平南越明年改元元封始以其地置珠崖儋耳郡督於交州昭帝元始五年省

儋耳入珠崖元帝初元三年用賈捐之議罷珠

崖郡光武建武中復置珠崖縣屬合浦郡仍督

於交州自初元三年棄後至此八十六年

三國吳大帝赤烏五年復置珠崖郡

晉平吳後省珠崖入合浦郡

宋元嘉八年復立珠崖郡

梁復就儋耳地置崖州

隋開皇初置臨振郡大業中改爲珠崖郡隸揚州

司隸刺史又析西南地置臨振郡

唐高祖武德五年改臨振郡為振州治寧遠增置臨川縣貞觀二年析延德置吉陽縣天寶初改為延德郡又改寧遠郡後增置洛屯縣南漢省延德臨川洛屯三縣

宋太祖開寶五年始改寧遠郡為崖州神宗熙寧六年改為珠崖軍以吉陽縣為藤橋鎮寧遠縣為臨川鎮徽宗崇寧五年復置延德縣於珠崖軍黄流白沙側浪之間高宗紹興六年廢軍為寧遠縣復藤橋鎮為吉陽縣並隸瓊州十三年

軍復屬縣還隸後改為吉陽軍元省吉陽縣

明洪武元年三月平章廖永忠平廣州七月守臣陳乾富以其地歸附二年改為瓊崖儋萬四州隸廣西如故三年陞瓊州為府崖隸焉屬廣東十九年用知州林茂請割儋感恩來屬正統五年省附郭寧遠縣以其戶屬州領感恩今不領

附寧遠縣在州南二里水南村宋沿隋唐名立在城內州治西方輿志政和間立洪武四年知縣甘義移建於此十年知州劉斌復還舊址正統間革今為布政分司存基

延德縣故址在州西一百五十里今西沙舖西南黎白港隋置五代廢宋崇寧中復置

大觀初更為軍又置倚郭縣曰通遠政和初省入感恩後立延德巡檢司與日泉驛及思遷驛單舊址俱廢

落屯縣在州東五十里唐置五代省即今落屯村熟黎居之萬歷丙辰知州張宿疏溝獲落屯縣印

臨川縣在州東南南一百二十里鹽場西南山中唐置五代省

吉陽縣在州城東後廢為寧遠縣儒學今廢

樂羅縣址在州西一百里即今樂羅村德化驛隋後無此縣名

形勝

環崖多高山大林左據廻風之雄右揖龍棲山

之險南山雄壓重溟鞍嶺遠連玉指二流環遶分派朝宗州治在府城南一千一百一十里東接陵水西抵感恩南距海洋北跨黎峝東西廣四百五十里南北長一百二十里環纏八百三十里

舊志八景

鰲山白雲　鯨海西風　邊城斜照　水南暮雨

稻隴眠鷗　竹籬啼鳥　南山秋蟬　牧原芳草

今志八景

鰲山疊翠　抱郭雙流　洞天幽勝　落筆凌空

珠江浴月　温泉漱玉　靈山騰雲　峻嶺廻風

山川

南山嶺　州南十里，壁立枕海，為州屏障。元王士熙名曰鰲山，各題詠見藝文。

香嶺　一名天字嶺，州北十里，與南山嶺相對。

馬鞍山　州北三里，以形名。宋胡銓詩：山脊驛騮聳。自註云：馬鞍山也。

豺狼嶺　州北五里　　郎巒嶺　州西八里

郎勇嶺　州東北八里，明朝建城於此，今有舊址。

大横嶺　州西十里　　弔靴嶺　州西南十里

報福嶺州北八十里遇旱望有白雲氣騰為羽儀號靈山八景之一

郎鳳嶺方輿志作郎鳳州東五十里高峻崎嶇如鳳翼成化八年知州徐琦修治寬平

南漏嶺州東五十里下有南漏村宋曹詠詩有偏宜南漏朝暮雨之句

龍樓嶺州西三十里峻險官道北

符敵嶺州西三十里

滴西嶺州東一百三十里官道

落神嶺州東三十里

高嶺州西三十里峻險官道北

北到嶺州西一百八十里

多民嶺州東一百三十里

還拖嶺州北五里

饅頭嶺州東五十里

澄島州西南十五里

迴風嶺州東北一百六十里經官道明成化初知州徐琦修路有碑記弘治初副使陳

委知州王鐸重修萬歷四十四年修平張習王佐二州詩見藝文志本朝雍正六年知州程搢重修乾隆十九年知州宋錦率官紳士民重修州役黄治董其事

鹿廻頭嶺州東一百四十里宋臨川里土賊陳明甫據此地為巢

鷓鴣嘴山州東一百八十里瀕海與鹿廻頭嶺相連

石版山州東南十里官道傍宋知軍周廓建學具上今廢

方山州東十里

長山州東五十里

黎峩山州東五十里

試劍峰見一統志大小洞天內一峯

落巖山在州西一百里望樓河中

大小玳瑁洲大洲在州東南臨川場海中小洲在州西南黎伏里海中

雙洲門　州東八十里藤橋巡司南海中雙洲對峙狀如兩扉蛋船從中往來

和尚石　州西蔡伏鄉雨後蒼苔青綠似袈裟

大洞天　州南二十里宋知軍周鄺始遊毛奎繼遊而名之

小洞天　州西南十里海濱宋知軍毛奎始遊有記

落筆洞　州東百餘里官道北石峰獨聳高數十丈中有石洞俗傳有僧於此禪化又有懸石擊之如磬島處一石門有石馬首入其中有一石形如懸筆筆尖水滴不斷復有一洞門內如屏高可十丈外有石竅通光可辨纖毫極處有井深不可測昔人有刻木為志沉井中後人於大海得之

大河水　一名大江一名水南河州北三里舊志原自五指山東流轉西遶州之南門其

深莫測傳有龍潛宋知軍毛奎厭之水路塞為平地反流城北数里入海今有自三义河分流南北環城而下直抵保平番坊二港相合入於海

抱漾水 州西六里保平坊自後河流經官道會潮水往來

白沙水 州東六十里通遠司西

抱拖水 州西六十里

石溪水 州西八十里抱里村東北山下清流湍急中有石室石板石井梯成化間知州徐琦刻題記遊

後河水 州北二里即大河水分流出自保平入海

烏石塘 州西南四里海濱

藤橋水 州東二百里藤橋巡司南

多銀水 州東一百一十里

柳根水州東二百里遶藤橋村與郎溫水相合入於海

三亞水州東一百里出白佛齋嶺經三亞村合臨川港入於海

郎溫水州東二百里

溫池水廻風嶺下

南蛇塘州東三里有南蛇潛故名

望天塘州東三里

熱水塘州北三里周圍可二十步深可二尺許水四時常熱名曰溫泉八景之一

候塘州北十里旱禱於此

龍塘州東一百里傳有龍出

抱橫塘州西八十里

番人塘州西一百二十里黃流村

龍樓灣州西五十里傳有龍樓此

鐵爐塘州西五里保平村前潮水出入

淡水灣州東一百一十里海濱有淡水泉

新地港州西三里　大蛋港州西南三里

望樓港州西九十里　羅馬港州西八十里

龍棲港州西五十里經官道會潮入於海

保平港州西八里　三亞港州東一百六十里

臨川港即三亞港後合流出海　榆林港在臨川港後

合口港在藤橋受郎溫椰根二水合流出海

水南溝州南二十里弘治十年鄉民開濉田一百餘頃

埋鵝陂州南一里宣德五年知州林獻築堤灌田百餘頃成化間知州徐琦重修築

達龍溝 州北二里弘治十七年鄉民告開灌田百餘頃今廢

南乙溝 去州二三里鄉人告開灌田一百餘頃

石牙陂 州西五里郎芒大河天順六年知州□□築堤導水灌田五十餘頃

石頭陂 州東北五里山麻軍堡每年北廂民修築引水灌耕還拖郎蔓等田

中亭溝 州北五里田地廣播無水耕種弘治二年知州林鐸設法督工修築引水灌田

高村陂 州東五里舊有大河埋塞成化八年判官何琛疏通灌田五十餘頃

仰重溝 州東八里弘治二年知州林鐸創築引高村五指水灌田二百餘頃

抱里陂 州西五十里抱里村成化五年知州徐琦督工創開引水灌抱里村等處田

雷溝 州西五十里抱橫村正統二年主簿梁正開引抱橫塘水八九所屯大塘灌耕樂羅

抱歲等處田

都陂　明永樂志云：在州東北十餘里，北廟源自北黎山出，流至洛機村，引以灌田，溢出北河入海。弘治志云：水源自洛機喉渾流出，正統二年主簿梁正修築，後因崩塞，連年失耕。弘治元年知州林鐸親率里甲開築堅固，倍昔。迄今溝水通流，灌田一千餘頃。

椰根陂　州東百里椰根村，每年民自修築，引水灌耕本村及田遞、三亞等處田一百餘頃。

南罟陂　州東百里南罟村，每年村民修築，引水灌耕本村、多銀村等處田。

抱架溝　州西南抱架鋪海濱，田地廣漠，旱不能耕。弘治二年知州林鐸開築，引千家山下河水灌等處田。

橋門溝一名望樓溝在州西一百五十里弘治二年知州林鐸開築引千家山下河水灌田有記

南北溝正德十四年知州陳堯恩鑿鍾芳記

馬丹溝州北五里陳堯恩開通灌田百頃

望樓溝州西九十里抱假村前引水灌望樓田數頃

樂羅溝州西六十里灌樂羅羅馬村等處田

大官溝州守陳堯恩造引漳水歸後河

池返溝

復溝俱在州西八十里正統間主簿梁正開通

小郎芷溝州西五里灌田數頃

大郎芷溝 州西七里知州徐琦開

餘甘溪陂 南嶺東義民恭柵修築

解元陂 在田邉村成化年年修築

澄清水 海南道内清潔異衆水

桶井 南山下嶺下

靈應泉 大洞天下有巨石中出泉清淡不竭旱禱多應

龍棲泉 龍棲港山下旱禱多應

喜恩泉 迴風嶺下

萬仞泉 南山上小石邉清涼可愛

濯纓泉 學前今無

鄉都二十一里

東廂　南廂　西廂　北廂

五都　保平里以上廂都附近州城

椰根里　正三亞里　所三亞里

臨川里　永寧鄉以上五里在州東界

黄流里　樂羅里　黎伏里　冲育里

佛老里　望樓里　番坊里以上七里在州西界

董平五都　董平六都　董平七都以上三里係東西各里散户雜處又半係黎户

論曰禹貢周職方不列南溟天官家未見適
海推測分野屬揚州星次婺女足誌其概度
數分秒無庸膠鼓推測而襟江帶海障洞屏
巖山川清淑之氣蜿蟺鬱積如侍郎鍾公之
彪炳寰區發祥蓋有本焉生斯土者勿妄畫
地自限使覽疆域者不徒悉其要害且如昔
年之羨其秀靈也庶幾可乎

崖州志卷之二

知州 宋錦 增輯
學正 黄德厚 分修

建置志

序曰重門百雉禦侮暴也崇墉廣廈肅官常也謹葢藏以裕積儲置郵驛以速傳命祭法有祈有報則壇廟宜虔聖王有臺有沼則亭閣宜紀坊表立而激勸之義寓焉津梁成而厲涉之嘆泯矣日中為市乃利民用往蹟久淹盍備參稽

有一弗具政其關乎作建置志

城池

州城宋以前係土城慶元戊午始砌磚仍創女墻紹定癸巳乃用磚瓦增砌自東門起至海南道止周一百四十二丈高一丈六尺開東西南三門元元統癸酉判官李秘創建譙樓明洪武丙辰知州劉斌重加甃砌甲子僉州千户李遷復開展自海南道起至今西門止共周五百十三丈五尺高二丈尺厚九尺乙丑千户李興

復以磚石包砌仍設三門各建敵樓雉堞一千一十七鋪二十外浚壕塹周五百五十七丈深一丈五尺乙卯千戶周宗禮添築月城正統丙辰千戶陳政洪瑜復立弔橋成化戊戌千戶王縈增築弘治乙丑千戶胡徵匾其門東陽春西鎮海崇禎十四年知州瞿罕奉詔修築增高舊城三尺

國朝順治十八年知州梅欽重建東城樓康熙十一年知州張擢士剏建南城樓重建西城樓并重

挑壕塹深濶如舊防崖遊擊張德遠捐資贊成
乾隆四年己未知州張埕詳允修城前州城月
門皆南向是年東西城月門改為東西向工費
悉報憲支銷民無派累州人感之
附郎勇城在州東北八里黎賊出没之處正德己
卯知州陳堯恩即高阜處城之甃以磚石高八
尺厚四尺周圍二百四十餘丈啟三門募兵防
守後以平定罷戍今廢
附樂安新城在州北去州城一百五十里萬歷丙

辰勦抱由羅活二崗叛黎繼議善後招降經題
築堡屯兵戍守部覆議允咨兩院檄府署事監
紀推官傅作霖署理瓊崖副總兵楊應春知州
張宿勘卜舊抱由口前瑞芝山正為樂安德霞
抱牒之衝名爛紅溝地方建立磚城周圍四百
丈運南門月城在內高一丈二尺建地城腳女墻
高五尺東西南城門三南順昌門東綏定門西
鎮安門經始城務瓊崖黎叅將何斌臣又添設
南靖遠樓北真武樓南門月城小樓一座城門

敵臺四座本朝乾隆十七年壬申重修

公署

分府署在州治西北乾隆四年建造

州治去府城南一千一百一十里唐改隋臨振郡為振州治寧遠縣據一統志元因之天曆二年知軍杜亮元統元年判官李泌繼修明洪武二年改為崖州判官金德仍舊址開建永樂九年知州徐子玉重建正統二年知州蔣豪重修八年例革同知景泰七年知州　拓其

重建（裴崇禮記見碑）成化九年知州徐琦十四年判官
賴宣繼修正德二年知州何岡再修儀門大門
今署傾圮現在詳請重修
申明旌善二亭在州門外正德二年知州何岡重
建久廢
陰陽學洪武十七年知州劉斌創建於州治之東
成化十四年判官賴宣移於西久廢
醫學洪武十七年知州劉斌創建於州治之東成
化十四年判官賴宣始移於潮源驛舊址與除

陽學同建久廢

軍儲倉洪武十四年知州劉斌創於州治之東弘治二年知州林鐸以其地為學基始改於州治內東偏歲貯秋糧以給官吏旗軍各項公用設官大使副使各一員後裁

預備倉三一在二亞一在樂羅俱成化八年知州徐琦建久廢

常平倉在州治東

義倉雍正二年奉文勸諭廂房坊東西里士民各捐

貯穀石以備荒歉

臨川場在州東一百里臨川村洪武二十五年創建

河泊所在州五里洪武十七年典史金右安建今場存所廢

海南道在州治西洪武三年判官金德創為海南分司二十六年改為道天順間知州王鐸成化間知州徐琦繼修久廢

布政分司在州治西舊寧遠縣舊址正統五年知

州歐進創建久廢

許都驛在州懷義鄉東去州一百八十里洪武初知縣甘義創成化間知州徐琦修（隆慶戊辰年併遞運巡司兼理今裁）

太平驛在州藤橋村東北去陵水縣二百里西去都許驛二百里先洪武三年寧遠縣知縣甘義創於藤橋東成化間知州徐琦遷今治（隆慶戊辰年併藤橋巡司兼理奉裁）

義寧驛在州西黃流都北去感恩縣一百一十里

南去德化驛三十里洪武三年知縣甘義創後知州徐琦何岡修庫子一名館夫二名馬夫三十五名馬三槽奉裁

德化驛在州樂羅村東去州七十里先洪武三年知縣甘義建抱拖村永樂間遷今治成化間知州徐琦重修庫子館夫馬夫馬俱同義寧嘉靖年間裁革

永寧巡司向設於三亞街名通遠司乾隆五年上憲因慎重黎疆請改設於藤橋市易名永寧司

樂安巡司在樂安城内

鋪舍

東路　藤橋鋪　小橋鋪　榆林鋪
三亞鋪　打保鋪　中火鋪　深溝鋪
南山鋪　州前鋪自陵水縣門鋪至此五百八十里
西路　抱架鋪　黃流鋪　望樓鋪
樂羅鋪　九所鋪　抱陀鋪　酸梅鋪
抱臘鋪　州前鋪自感恩縣門鋪至此三百二十里
今東西路奉文共設鋪司九名近年奉憲酌議裁減鋪司工食僱覔千里馬賫送省府文移具鋪司止送巡檢及感恩文移

壇廟

社稷壇　城西北半里

山川壇　城東南一里

先農壇　雍正四年奉文建立於州東南離城三里

城隍廟　州治東知州張擢士重修

厲祭壇　城北一里

旗纛廟　附所

土地祠　州大門之右

郡主夫人廟　州治右宋建明洪武丙辰知州劉斌修成化戊戌判官賴宣以夫人在隋曾賜林振縣為湯沐邑改額曰郡主復修正德丁卯知州何岡再修今附城隍廟後

毛知軍祠　在南山鋪前山中祀宋毛奎林叢暗俗號暗山廟永樂間知州姚瑾砌臺正德庚午知州何岡建亭於上

王公生祠 州治西正德乙卯知州陳堯恩以副使昆山王公倬有平黎功建祠祀之鍾芳記見碑萬曆壬辰知州鄭端星重修久廢

關帝廟 州治西遊擊張德遠重建知州張擢士捐俸協建

晏公廟 在城西久廢

文昌祠 原在城外西南隅康熙五十四年改建於城外東南隅學正謝仲玩時至講學於其內多士覺之勒石碑於祠側

五顯廟 城南

石三娘廟 在州西南

真武廟 即城北樓址今重修

宣壇廟 在城內西街久廢

東嶽廟 城東門外

西山廟 在西郊

天妃廟 州治南海邊

伏波祠 在城西萬曆甲寅副使姚履素建久

廢

五賢祠　州城西門外祀唐李德裕宋趙鼎胡銓元王仕熙明王倬康熙十一年知州張擢士重修久傾圮乾隆十九年知州宋錦重建

忠孝節義二祠　在州治西雍正九年奉文建造

玉皇廟　州城南河東一里萬歷七年知州張永昌重修建

南極廟　舊在南城上萬歷癸丑因遷學有坊改遷今廢

觀音廟　城西門外

天寧寺　城西俗呼同佛寺久廢

亭閣

懷遠亭在州東南三里

永思亭明成化初學正許端惠任滿去弟子慕之故建

盛德堂在水南村去州一里

逸賢峒在州西廂

懷柔閣在樂安城內明萬曆四十四年建以上俱廢

坊表

丹桂傳芳坊　水南村為舉人蔡士葵立

經元坊　州治右街為舉人蕭成立萬曆己卯年知州張永昌重修

世科坊　州治左街為侍郎鍾芳子允謙允直立萬曆己卯年知州張永昌修

登俊坊　州治右為舉人余繼舉立

殉孝坊　城中為生員林騰鸞立

居仁坊　大街

集義坊　三所街

起晨坊　馬站中閭路

貞烈坊二　城中為馬氏劉氏立

大和坊　在城中十所街州前

豐阜坊　州後九所街

日昇坊　東門外正市

大興坊　南門外新興村

遵化坊

兼善坊

永清坊 高山

潮宗坊 小蛋

尚德坊 西門外河邊街

仁讓坊 西北街

明照坊 城東

酆樂坊 樂營

貞節坊 州治右街　國朝順治十四年為生員蕭士彥妻慕容氏建以上俱記

正德坊

時雍坊 俱水南

厚生坊 番坊

利用坊 大蛋

遵道坊 正街

拱辰坊 北郭

戢黎坊 新地

樂清坊 城東北八里

橋梁

萬里橋 城西南元時以木建明景泰年千戶胡能易以石條

平地橋 州西一里元以木建水自五指山經北河文會南河入於海

鎮南橋 州西五里保平村元以木建潤二丈餘明成化二年知州徐埼築以沙石水自五指山流遶城西入海

義興橋 州東一百里三亞村元以木建明永樂間州土人重修本朝乾隆十九年冬知州宋錦捐俸倡修水自東北拂持黎山南經臨川港入於海

多零橋 州東八十里元以本建水自西北刀村黎山南渡入於海

劉家橋 州東一百一里三亞村東元以木建本朝乾隆十九年冬知州宋錦捐俸倡修

水自北畔多支山西南流入海

多銀村　州東一百二十里多銀鋪元以木建水自西北羅葵山下流出臨川入海

新村橋　州東二十里新村鋪官道木架

長山橋　州東五十餘里抱砲村明成化十年重修以木

下水橋　廻風嶺下橋

碧津橋　城南三里新興村

東龍橋　州東一百里東龍村明成化十年修改官道增木為之

山口橋　在多銀橋東二里木建

瀾橋　州西六里

貢扛橋　廻風嶺二里

深田橋　在水南去州二里知州陳堯恩建

廣濟橋　州東南二里長二丈寬一丈二尺深五丈磚石並建

國朝康熙九年知州張

擢士遊擊張德
遠倡捐創建

津渡

水南渡州南一里　藤橋渡州東二百一十里永寧鄉

東山渡州東二百十五里永寧鄉

保平渡州西四里水自五指山流入海

抱漾渡州西六里　後河渡州城北二里

鹿廻頭渡州東一百里三亞港

墟市

東門市

西門市

水南市 水南村今廢

三亞市

藤橋市

九所市 九所村

黃流市

臨高市 附近保平五都

古蹟

相公亭 在州南南山鋪之東地名競田宋丞相丁謂天聖初貶崖續有旨拘於荒僻遠人烟之處郡乃建屋數椽於此處之後名曰相公亭

洗兵亭 在州西南二里宋胡銓與郡人陳廸功靖江遊偶得勝地有池數畝乃建亭於其上區曰洗兵取杜詩淨洗甲兵常不用之義

大洞天亭 宋建與巖瞻亭石船茅亭觀傑閣俱洞天景致詳見洞天記

江亭 在州西一里元王仕熙謫崖時建

連珠寨 址在州東一百里鹿廻頭嶺上宋末土豪陳明甫自號三把大王建城於此後大軍征討又作寨圍守名連珠寨

玳瑁欄　在州治東南五十里官道那鳳嶺下海邊有巨石數十丈如屋宋時臨川里土豪陳明甫作亂鑿石為欄養玳瑁

宋知軍裴聞義墓　州東三十里南漏村

明知州　墓　州治東高山路口出南田南邊雲南人發解來任崖有德惠

石蛇村　州東八十里抱勸村俗傳初時尚首羅練獵聞犬吠視之見蛇頭將出以箭捧地禱日此可村箭當筍三日視之果然

水南村　州東二里許宋盧多遜題咏風景二律見藝文

崖州志卷之三

知州　宋　錦　增輯
學正　黄德厚　分修

賦役志

序曰古者任土作貢什一之賦三代相承力役有徵王政不廢賦役全書所由作也崖地背山面海半磽瘠而半斥鹵故幅幀雖廣而額賦無多且嘗有颶風爲虐民病不獨在旱潦也依古以来家鮮鮮蓋藏莅兹土者撫字催科必有道以

慶之矣爰志賦役

户口

唐振州八百一十九户

宋吉陽軍二百五十一户

元吉陽一千四百三十九户五千七百三十五口

明洪武二十四年崖州寧遠二千七百六十户一萬二百八十二口

永樂十年撫黎知府劉銘僞增崖州寧遠黎户一千零二十五户黎口四千八百五十七口

正德七年崖州二千四百三十五户一萬七千九百三十六口

土田

元安撫司官民田地唐苗吉陽軍寧遠縣一百三十一頃六十二畝九分五厘秋糧米四百六十六石六斗四合四勺八抄五撮

明洪武二十四年官民田地山園唐苗崖州寧遠一千二十頃六十二畝六分四厘二毫田九百八十五頃八十九畝二分七厘八毫地三十五

頃九十二畝九分五厘三毫山園二頃八十畝
四分一厘一毫夏稅本色桑絲崖州感恩三斤
三兩秋糧米三千八百三十二石九斗二升九
合九勺八抄九撮二圭
萬曆十年實丈官民田地塘崖州田二千七百一
頃八分八厘七毫地九十八頃八十一畝六厘
七毫塘九頃四十四畝一分六厘七毫
萬曆四十五年實丈官民田地塘崖州田二千八
十三頃零四分九厘三毫四絲四忽地苗一百

頃八十畝五分九厘三毫二絲六忽

塘九頃四十六畝一分六厘七毫五絲七忽

國朝頒定賦役全書

實徵錢糧

一户口男婦一萬六千五百丁口内除浮蛋灶丁五千九百四十四丁例全免編差壯均平鹽課外實編男婦一萬零五百五十六丁口内男子成丁原額二千二百六十一丁議允論糧編丁將官民弁陞科米二千七百六十三石二斗零八合一勺每石編丁一丁共該丁二千七百六十三丁二分零八毫内有

優免人丁本身全免丁一百七十六丁零九厘八
毫例不派差壯均平鹽課
實在編丁二千五百八十七丁一分一厘每丁例派差壯均平銀三錢二分六厘八毫五絲六忽共銀八百四十五兩六錢一分二厘四毫不派鹽課
婦女八千二百九十五口每口止派鹽課銀一厘九毫九絲九忽共銀一十六兩五錢七分七厘一毫
一田地塘共二千一百七十九頃二十六畝一分
一厘三毫起科各有則例另列在後
田二千零七十一頃零八分七厘八毫內田有三

則

上則田一百六十三頃零七畝六分一厘五毫每畝科官正耗米二合九勺五抄八撮三圭五粟積三頃三十八畝零二厘六毫為糧一石共米四十八石二斗四升三合六勺每畝又科民正耗米二升二合一勺四抄一撮六圭五粟積四十五畝一分六厘三毫為糧一石共米三百六十一石零七升七合五勺

中則田七百六十頃九十三畝八分七厘八毫每

畝科官正耗米二合六勺零四撮七圭六粟積三頃八十三畝九分九厘二毫為糧一石共米一百九十八石二斗零六合三勺每畝科民正耗米一升九合四勺九抄五撮二圭四粟積五十一畝二分九厘四毫為糧一石共米一千四百八十三石四斗六升八合四勺

下則田一千一百四十六頃九十九畝三分八厘五毫每畝科官正耗米一合八勺零七撮零七粟積五頃五十三畝三分八厘一毫為糧一石

共米二百零七石二斗六升九合八勺每畝又
科民正耗米一升三合五勺二抄四撮九圭三
粟積七十三畝九分三厘七毫爲糧一石共米
一千五百五十一石三斗零一合二勺
地九十八頃八十一畝零六厘七毫通州同則每
畝科官正耗米一合五勺三抄五撮七圭五粟
積六頃五十一畝一分四厘七毫爲糧一石共
米一十五石一斗七升四合九勺每畝又科民
正耗米一升一合四勺九抄四撮二圭五粟積

八十七畝為糧一石共米一百一十三石五斗
七升五合五勺
塘九頃四十四畝一分六厘八毫通州同則每畝
科官正耗米一合八勺零七撮零七粟積五頃
五十三畝三分八厘一毫為糧一石共米一石
七斗零六合二勺每畝又科民正耗米一升三
合五勺二抄四撮九圭三粟積七十三畝九分
三厘七毫為糧一石共米一十二石七斗六升
九合八勺

以上田地塘共派

官米四百七十石零六斗零八勺計多會計額米一升二合六勺

摘出另徵貯庫支銷尚實米四百七十石零五斗八升八

合二勺每石派糧料銀三錢一分一厘零七絲

七忽共銀一百四十六兩三錢八分九厘又派

四差銀五錢七分三厘八毫二絲四忽共銀二

百七十兩零三分五厘每石總派糧料四差銀八錢八分四厘九毫零

一忽共銀四百一十六兩四錢二分四厘

民米三千五百二十二石一斗九升二合四勺計多

會計額米九升五合二
勺摘出另徵貯庫支銷　尚實米三千五百二十
二石零九升七合二勺每名派糧料銀五錢三
分零八毫八絲六忽共銀一千八百六十九兩
八錢三分二厘一毫又派四差銀五錢七分三
厘八毫二絲四忽共銀二千零二十一兩零六
分三厘九毫每名總派糧料四差銀一兩一錢
零四厘七毫一絲共銀三千八百九十兩零八
錢九分六厘內除官紳舉貢監生員吏承優免
米三百二十七石九斗七升四合六勺例免差

銀一百五十二兩九錢一分二厘七毫又除灶米三十石零五斗五升五合四勺例減差銀八錢一分八厘六毫嶺前熟黍米三百九十五石八斗八升零八勺例減差銀八十六兩二錢六分九厘六毫嶺後生黍米五百八十七石三斗五升五合一勺例減差銀三百五十二兩七錢七分三厘七毫不編外尚實銀三千二百九十八兩一錢二分一厘四毫康熙元年知州梅欽請豁官民荒米共一千四十七石二斗九升六合五勺七抄九撮

外額徵

魚課米五百六十八石八斗每石派糧料銀三錢三分二厘一毫九絲五忽共銀一百八十八兩九錢五分二厘一毫

又一項地畝餉銀以通州田地塘共稅二千一百七十九頃二十六畝一分一厘三毫照萬歷四十八年例每畝派銀七厘零三絲零八微三纖一沙共銀一千五百三十二兩二錢零一厘七毫每兩帶徵水脚銀一分五厘該銀二十二兩

九錢八分三厘

總計通州官民灶黎魚課共米四千五百六十一石四斗八升五合四勺連男婦丁口共編派一條鞭共銀四千七百六十五兩六錢八分七厘又地畝餉連水脚共銀一千五百五十五兩一錢八分四厘七毫通共銀六千三百二十兩零八錢七分一厘七毫、項款列後

開除

於一件清文久奉

明綸等事案內
題准豁免荒稅六百二十七頃八十五畝七分九
厘零三絲無徵本折銀一千四百一十九兩四
錢零五厘九毫七絲閏銀三十兩零七錢九分
二厘零三絲
又於一件遵
旨議奏事案內開除虛報難墾荒蕪稅二十二畝八
分二厘八毫四絲無徵糧餉銀五錢四分零四
毫九絲一忽九微零九沙九塵四埃九渺六漠

閏銀一分三厘九毫一絲零六微一僉一沙零
九埃六渺二漠
以上二項共無徵稅六百二十八頃零八畝六分
一厘八毫七絲無徵銀一千四百一十九兩九
錢四分六厘四毫六絲一忽九微零九沙九塵
四埃九渺六漠閏銀三十兩零八錢零五厘九
毫四絲零六微一僉一沙零九埃六渺二漠尚
實徵稅一千五百五十一頃一十七畝七分零
三絲實徵銀四千一百九十一兩六錢四分八

厘四毫三絲八忽零九僉零五埃零四漠閏銀
一百一十一兩六錢零七厘二毫五絲九忽三
微八僉八沙九塵零三渺八漠

新收

康熙二三四年墾復於五六七年起徵稅二頃零
二畝五分三厘五毫七絲該陞輸銀五兩五錢
二分七厘一毫閏銀一錢三分九厘四毫
雍正二三年至乾隆五年首墾起徵共稅三十五
頃二十一畝七分六厘三毫七絲八忽三微三

僉五沙連生黎米共起徵銀九十七兩零一分
五厘九毫九絲九忽六微三僉二沙四塵八埃
九渺七漠七末閏銀一兩六錢七分零九毫一
絲五忽四微三僉八沙四塵五埃三渺二漠六
末九逡
本折物料溢價銀二十八兩五錢四分八厘八毫
雕漆衣裝銀一兩三錢六分三厘閏銀一錢一分
三厘六毫
雍正七年奉文南工匠價連水脚泒入民糧徵觧

於雍正八年為始該編徵銀二十兩零五錢九分八厘四毫零八忽零七僉一沙閏銀一兩七錢二分三厘七毫五絲六忽零一僉二沙

又額外陞科田二十四頃六十八畝零七厘一毫三絲三忽並摘出溢額米共徵銀三十八兩零七分八厘二毫又雍正七年奉文南工匠價連水腳派入民糧徵解於雍正八年為始編徵銀三錢二分三厘一毫六絲六忽一微五僉五沙閏銀二分七厘零四絲三忽八微一僉八沙

另一項雍正三年奉文裁汰崖州儋州所雍正四年歸併崖州管理共原額稅四十四頃八十畝米一千三百四十四石又帶派耗銀二十一兩九錢三分三厘內除荒稻稅三十六頃六十畝無徵米一千零九十八石無徵耗銀一十七兩九錢一分八厘四毫五絲四忽五徵內雍正十年陞科至乾隆五年起徵共稅一頃九十六畝起徵屯米一十七石四斗零六合七勻六抄帶派耗銀九錢五分九厘五毫七絲四忽二微七僉一沙六塵尚未復稅三十四頃六十四畝無徵米一千零八十石零五斗九升三合二勻四抄帶派耗銀一十六兩九錢五分八厘八毫八絲零二微二僉八沙四塵

尚實徵稅連墾復共一十頃零一十六畝徵米

二百六十三石四斗零六合七勺六抄裁并帶派耗銀四兩九錢七分四厘一毫一絲九忽七微七纖一沙六塵又原裁并屯丁續於一件詳請屯戶丁隨糧納等事案內雍正九年奉文雍正十年為始將額派屯戶丁銀按照額徵屯糧米石勻派屯丁一十八丁一分五厘編徵銀四兩六錢六分零九毫零八忽閏銀一錢八分一厘二毫二絲三忽

乾隆元年屆編審新增

盛世滋生屯丁六丁欽奉恩詔永不加賦理合註明

乾隆六年屆編審新增

盛世滋生屯丁五丁欽奉恩詔永不加賦理合註明

又花藤稅抵補猺差支應銀三十五兩六錢

以上八項共銀二百三十六兩六錢八分九厘七毫零一忽六微三纖零八埃九渺七漠七末閏銀三兩八錢五分五厘九毫三絲八忽二微六纖八沙四塵五埃三渺二漠六末九逡

實在連前丁口田地等共銀五千二百九十兩零

四錢一分五厘八毫三絲九忽七微二纖零一
塵四埃零一漠七末閏銀一百六十兩零七錢
六分三厘四毫九絲七忽六微五纖七沙三塵
五埃七渺零六末九逡內除
改徵本色米價銀六百二十六兩八錢一分七厘
又於一件請
旨遵行事案內新設兵丁需支月糧奉文允將本州
照科則例除銀徵米在於地丁項下扣除米價
銀四百七十三兩二錢五分七厘七毫六絲四

忽共銀一千一百兩零七分四厘七毫六絲四
忽改徵本色米石由糧驛道報銷
尚銀四千一百九十兩零三錢四分一厘零七絲
五忽七微二纖零一塵四埃零一漠七末閏銀
一百六十兩零七錢六分三厘四毫九絲七忽
六微五纖七沙三塵五埃七渺零六末九逡
歸併屯米二百六十三石四斗零六合七勺六抄
湊支兵食由糧驛道報銷
一起運並留充餉軍器共銀二千二百零五兩一

錢七分三厘二毫又地畝餉連水脚並驛傳節裁銀一千六百四十四兩一錢七分四厘六毫六絲通共銀三千八百四十九兩三錢四分七厘八毫六絲內

折色起運

户部項下

京庫銀二百九十七兩六錢四分五厘每兩帶徵滴珠銀一分解京水脚銀二分共銀八兩九錢二分九厘三毫解司水脚銀一分該銀三兩零

六分六厘滴珠銀傾入錠内起解水脚銀給官役解運盤費

均一料銀一百零九兩零九分五厘七毫解司水

脚銀一兩零九分一厘

鋪墊料銀二十二兩二錢三分四厘二毫解司水

脚銀二錢二分三厘均一鋪墊二項內扣買解户部本色物料銀三十四兩三錢零八厘九毫

地畝餉銀一千五百三十二兩二錢零一厘七毫

水脚銀二十二兩九錢八分三厘水脚銀給解官盤費

兵部項下

驛傳節裁銀八十八兩九錢八分九厘九毫六絲

工部項下

四司料銀七十一兩零一分九厘四毫解司水脚

銀七錢一分一厘

竹木翠毛等料銀四兩五錢七分五厘一毫解司

水脚銀四分六厘

魚油料並水脚共銀九兩七錢八分遇閏加銀六

錢五分二厘四毫以上四司竹木魚油等料內扣買工部本色物料銀一兩八錢九分七厘六毫八絲

留備軍器

軍器料銀六兩八錢七分一厘二毫解布政司以備修整軍器

又解司水脚銀七分

留充兵餉

原備倭今改充兵餉銀三百三十六兩遇閏加銀二十八兩

原解府今改充兵餉銀七十二兩三錢六分二厘

本州軍儲倉本色米銀六百五十五兩四錢七分
六厘一毫

本州軍儲倉折色米銀一百七十五兩五錢四分

零九毫

本州儒學倉折色米銀二百五十兩零一錢三分

一厘

原總兵廩糧改充兵餉銀一兩一錢二分三厘二

毫解司水脚銀一分一厘遇閏加銀六分六厘三毫

魚課米銀一百七十九兩一錢七分二厘一毫遇閏加

銀一十六兩一錢七分五厘三毫禁海無徵未奉豁免

以上七項留充兵餉銀一千六百六十九兩八錢

零五厘三毫閏銀四十四兩二錢四分一厘六毫水脚銀一分一

厘給官役解司盤費

新收

加囘員役優免米銀一百五十二兩九錢一分二

厘七毫

本折物料溢價銀二十八兩五錢四分八厘八毫

雕漆衣裝銀一兩三錢六分三厘閏銀一錢一分

三厘六毫

雍正七年奉文南工匠價連水脚泒入民糧徵解

於雍正八年為始該編徵銀二十兩零五錢九

分八厘四毫零八忽零七纖一沙閏銀一兩七
錢二分三厘七毫五絲六忽零一纖二沙
舊編存留款項奉文節年裁扣修宅傘扇薪蔬行
香各役工食喂馬草料廩糧使官下程進表路
費　朝
覲紙劄盤纏科舉花紅棗餅鄉飲桃符等項共銀
五百二十九兩四錢六分七厘七毫內一項花紅棗餅先奉文半裁今奉全裁除將先奉半裁銀二十兩零二錢五分七厘八毫列入十四年裁扣項下又康熙二十四年六月內奉　自復回廩生餼糧銀七十二兩列入留支外　尚銀四

百二十七兩二錢零九厘九毫閏銀二十兩零五錢七分零一毫

裁官本州訓導義寧驛經費共銀一百三十一兩四錢四分閏銀一十兩零九錢五分三厘二毫

康熙十四年奉文裁扣經費均平充餉連先奉半裁花紅巢餅等項除康熙十九年奉文留同春秋祭祀及奉恩詔康熙二十一二三年復以官俸進士舉人歲貢旗扁宴席盤纏會試水手各役工食鄉飲拜牌迎春等銀列旧留支外尚銀一百八十七兩六錢三分三厘九毫一絲五忽閏銀七兩零六分六厘五毫四絲

康熙十七年裁扣充餉除康熙十九年奉文留回祭無祀鬼神及奉　恩詔康熙二十一年復回官俸會試水手二十二年復回各役工食等銀列回留支外尚銀二十九兩七錢二分五厘八毫一絲五忽

存留扣荒銀三百九十二兩一錢二分五厘五毫七絲二忽閏銀一十八兩四錢零一厘四毫二絲四忽內除復回孤貧口糧免扣銀三兩二錢二分三厘二毫一絲七忽六微又除於一件欽奉　上諭事案內免扣民壯銀八十三兩八錢三分六厘八毫又除一件欽奉　上諭事案內免扣佐雜教職俸工荒銀七十五兩二錢二分九厘五毫五絲五忽二微閏銀四兩三錢七分九厘一毫零八忽又於一件敬献蒭羨等事案內免扣廩膳荒銀二十三兩八錢四

分六釐九毫一絲二忽九微閏銀二錢一分六釐九毫又除一件欽奉　上諭事案內免扣正印役額荒銀一百兩零六錢零四釐一毫六絲閏荒銀五兩八錢五分五釐七毫零一忽零三僉一沙俱列回留支又康熙二十七年奉文裁扣歲貢生盤纏銀一十五兩五錢零九釐八毫零八忽列併新裁項下又銀七兩二錢八分一釐七毫八絲五忽三微湊併進士舉人宴席水手等銀列入起運外尚銀八十二兩五錢九分三釐三毫三絲二忽閏銀七兩九錢四分九釐七毫一絲四忽九微六僉九沙於康熙二十七年奉文歸入起運項下

康熙二十七年裁扣貢生盤纏銀五十五兩五錢內扣荒銀一十五兩五錢零九釐八毫零八忽於康熙二十七年奉文歸入起運項下

賀新進士舉人宴席旗匾會試水手等項連扣荒共銀二十六兩零五分七厘奉文於康熙二十八年歸入起運項下內扣荒銀七兩二錢八分一厘七毫八絲五忽三微於康熙二十七年歸入起運項下

驛傳裁四全裁充餉銀四十二兩零二分八厘三毫五絲二忽於康熙三十一年奉文歸入起運項下

各年裁扣官俸役食均平驛傳等項銀二百二十五兩九錢三分零一毫一絲八忽閏銀一十一兩八錢五分三厘四毫

勻攤俸工荒銀一十兩零二錢四分三厘零二忽

三微四僉六沙零二埃四渺二漠六末四逡八巡閏銀三兩一錢一分八厘八毫一絲零三微二僉七沙零七埃九渺二漠一末三逡二巡內於乾隆三年一件欽奉上諭事案內奉文正印役免扣勻灘銀八兩三錢八分零六毫三絲八忽二微八僉三沙一塵一埃零七漠六末二逡一巡閏銀二兩五錢五分一厘七毫六絲零一微一僉零一塵三埃九渺九漠八末一逡二巡歸入存留備支項下外尚銀一兩八錢六分二厘三毫六絲四忽零六僉二沙九塵一埃三渺五漠零二逡七巡閏銀五錢六分七厘零五絲零二微一僉六沙九塵三埃九渺

二漠三末二逡於乾隆元年欽奉上諭事案內奉文正印官俸工內勻攤歸入起運項下理合注明

又額外陞科田共徵銀三十八兩零七分八厘二毫又雍正七年奉文南工匠價編徵銀三錢二分三厘一毫六絲六忽一微五纖五沙閏銀二分七厘零四絲三忽八微一纖八沙

另一項雍正三年奉文裁汰崖州所屯稅帶派耗銀四兩九錢七分四厘一毫一絲九忽七微七纖一沙六塵又屯丁勻攤編徵銀四兩六錢六

分零九毫零八忽閏銀一錢八分一厘二毫二
絲三忽
以上十六項共銀一千四百七十一兩四錢四分
零九絲八忽零六僉零五塵一埃三渺五漠零
二逡七巡閏銀六十一兩零五厘六毫二絲八
忽零一僉五沙九塵三埃九渺二漠三末二逡
連前京庫等項共銀五千三百二十兩零七錢八
分七厘九毫五絲八忽零六僉零五塵一埃三
渺五漠零二逡七巡閏銀一百零五兩八錢九

分九厘六毫二絲八忽零一纖五沙九塵三埃
九渺二漠三末二逡

開除

各年荒移無徵銀一千三百十七兩四錢零二
厘三毫六絲二忽二微七纖七沙四塵五埃九
渺八漠三末閏銀二十八兩九錢九分五厘六
毫二絲五忽一微七纖二沙六塵四埃二渺九
漠三末一逡

編審缺額丁銀一錢一分一厘八毫

改徵本色米價銀一千一百兩零七分四厘七毫

六絲四忽改徵本色米石糧驛道報銷

撥補猺貧口糧銀三十一兩六錢六分六厘一毫

閏銀三兩六錢於一件推廣皇仁等事案內乾隆三年奉文於起運項內添給歸入留支項下報銷

均派春秋二祭及無祀鬼神不敷銀二十四兩九

錢一分零六毫九絲八忽於一件請酌均祭銀等事案內乾隆八年奉文於起運項內添給歸入留支項下報銷

以上六項共銀二千五百二十二兩六錢四分六

厘七毫二絲四忽二微七纖七沙四塵五埃九渺八漠三末閏銀三十二兩五錢九分五厘六毫二絲五忽一微七纖二沙六塵四埃二渺九漠三末一逡

實在起運各項充餉銀二千七百九十八兩一錢四分一厘二毫三絲三忽七微八纖三沙零五埃三渺六漠七末二逡七巡內除復回崖州所官役經費銀一百零八兩七錢零六厘尚銀二千六百八十九兩四錢三分五厘二毫三絲三忽七微八纖三沙零五埃

三渺六漠七末二逡七巡

閏銀七十三兩三錢零四厘零二忽八微四纖三沙二塵九埃六渺三漠零一逡内除復回崖州所官役經費銀九兩零五分八厘八毫三絲三忽三微尚銀六十四兩二錢四分五厘一毫六絲九忽五微四纖三沙二塵九埃六渺三漠零一逡

存留

一徭差民壯鹽課驛傳均平原額銀二千五百六十兩零五錢一分三厘八毫内除驛傳節裁列在起運充餉

尚銀二千四百七十一兩五錢二分三厘八毫
四絲内
徭差銀九百六十三兩二錢五分二厘七毫又傳
銀三十一兩七錢六分花藤税銀三十五兩六
錢共銀一千零三十兩零六錢一分二厘七毫
遇閏差加銀八十一兩一錢八分九厘九毫
民壯銀八百七十四兩四錢三分一厘九毫遇閏加銀六十兩零二錢三分
戶口鹽鈔銀一十六兩五錢七分七厘一毫遇閏加銀

一兩四錢零五厘四毫

三項共銀一千八百五十四兩二錢六分一厘七毫又傅銀並花藤稅補徭差銀六十七兩三錢六分通共銀一千九百二十一兩六錢二分一厘七毫（遇閏加銀一百四十二兩八錢二分五厘三毫）

瓊州分府

養廉銀每年八百兩（每季具文赴道憲衙門請領）

俸薪銀每年八十兩（由澄邁縣解府移收）

一分府衙門典吏六名（工食銀兩奉行裁扣充餉）

一經制各役

門子二名每名歲支工食銀六兩共銀一十二兩

遇閏加銀一兩

皂隸二十名每名歲支工食銀六兩共銀一百二

十兩遇閏加銀一十兩

馬快八名每名歲支工食銀六兩共銀四十八兩

遇閏加銀四兩

傘扇轎夫共七名每名歲支工食銀六兩共銀四

十二兩遇閏加銀三兩五錢

以上工食銀兩係澄邁縣地丁徵解　分府衙門
給領
民壯二十名每名歲支工食銀六兩共銀一百二
十兩遇閏加銀一十兩
以上工食銀兩係臨高樂會兩縣地丁徵解　分
府衙門給領
本州知州
俸額銀八十兩除荒及匀攤外尚銀五十五兩七錢八
分一厘一毫五絲五忽九微三纖七沙零八埃

六渺四漠九末七逡三巡

遇閏加銀六兩六錢六分六厘六毫六絲除荒及匀攤外

尚銀四兩七錢九分八厘二毫七絲七忽七微

八僉三沙零六埃零七漠六末八逡奉行裁扣解布政司

充餉

書辦十二名每名歲支工食銀一十兩八錢共銀

一百二十九兩六錢於康熙十四十七等年奉行全裁歸入起運項下充

餉

遇閏加銀一十兩八錢照前全裁歸入起運項下充餉

門子二名每名歲支工食銀六兩共銀一十二兩奉行每名歲扣銀六錢共扣銀一兩二錢幫貼禁卒

遇閏加銀一兩照前每名扣銀五分共銀一錢幫貼禁卒

皂隸十六名內除三名改充仵作外存十三名每名歲支工食銀六兩共銀七十八兩奉行每名歲扣銀六錢共扣銀七兩八錢幫貼禁卒

遇閏加銀六兩五錢照前每名扣銀五分共扣銀六錢五分幫貼禁卒

馬快八名因差額支不足酌減二名留六名每名歲支工食銀六兩共銀三十六兩奉行每名歲扣銀六錢共扣銀三兩六錢幫貼禁卒

遇閏加銀三兩照前每名扣銀五分共扣銀三錢幫貼禁卒

民壯五十名工食額銀三百兩於雍正十三年會議裁汰三十名扣銀一百八十兩彙併留支項下充餉存留二十名給銀一百二十兩於雍正七年奉行小建不扣遇閏不加又奉行每名歲扣銀六錢共扣銀一十二兩幫貼禁卒

燈夫四名、工食銀一兩奉行全裁彙併留支項下充餉

轎傘扇夫七名每名歲支工食銀六兩共銀四十二兩遇閏加銀三兩五錢

看監禁卒八名每名歲支工食銀六兩共銀四十八兩奉行於各役工食內加幫銀二十九兩四錢共銀七十七兩四

錢

遇閏加銀四兩除民壯二十名無閏外照前於各役工食內加幫銀一兩四錢五分

共銀五兩四錢五分

庫書一名工食銀一十二兩遇閏加銀一兩於康熙十四十七等年奉行全裁歸八起運項下

倉書一名工食銀一十二兩遇閏加銀一兩於康熙十四十七等年奉行全裁歸八起運項下

庫子四名每名歲支工食銀六兩共銀二十四兩奉行每名歲扣銀六錢共銀二兩四錢幫貼禁卒

遇閏加銀二兩照前每名扣銀五分共扣銀二錢幫貼禁卒

斗級四名每名歲支工食銀六兩共銀二十四兩奉行每名歲扣銀六錢共扣銀二兩四錢幫貼禁卒

遇閏加銀二兩照前每名扣銀五分共扣銀二錢幫貼禁卒

仵作二名學習二名支工食一名共支工食三名每名歲支工食銀六兩共銀一十八兩遇閏加銀一兩五錢扣幫禁卒與皂役同

舖兵九名工食額銀五十四兩內荒銀一十五兩零九分零六毫二絲四忽勻攤銀一兩二錢五分七釐零九絲五忽七微四纖二沙四塵六埃六渺六漠一末

四遂三巡於乾隆三年奉行免扣

遇閏加銀四兩五錢內荒銀八錢七分八厘勻攤銀三錢八分二厘八毫零一忽五微五僉二沙零六埃八渺照前奉行免扣

修理倉監刑具銀二十兩於康熙十四十七等年奉行全裁歸入起運項下

本州吏目

俸銀一十九兩五錢二分遇閏加銀一兩六錢二分六厘六毫續奉文行閏俸裁扣解布政司充餉

薪銀一十二兩遇閏加銀一兩續奉文行閏銀裁扣解布政司充餉

書辦一名工食銀七兩二錢於康熙十四十七等年奉行全裁歸入起運項下

門子一名歲支工食銀六兩過閏加銀五錢小建照例扣除

馬夫一名歲支工食銀六兩過閏加銀五錢小建照例扣除

皂隸四名每名歲支工食銀六兩共銀二十四兩過閏加銀二兩小建照例扣除

本州儒學學正

俸額銀四十兩查原額編俸銀一十五兩七錢六分內荒銀四兩四錢零四釐二毫二絲六忽五微六纖奉行免扣又一件欽奉上諭事案內加正八品尚應加俸銀二十

四兩二錢四分業經詳請咨明在於地丁銀內補給歸入備支項下理合註明

遇閏加銀一兩三錢一分三厘三毫內閏荒銀二錢五分六厘三毫五絲六忽一微一僉奉行免扣續奉行閏俸裁扣解布政司充餉理合註明

訓導俸額銀四十兩查原額編俸銀一十五兩七錢六分內荒銀四兩四錢零四厘二毫二絲六忽五微六僉奉行免扣又一件欽奉　上諭事案內加從八品尚應加俸銀二十四兩二錢四分業經詳請咨明在於地丁銀內補給歸入備支項下於乾隆七年奉行裁汰彙併留支項下充餉

遇閏加俸銀一兩三錢一分三厘三毫內閏荒銀二錢五分六厘三毫五絲六忽一微六僉照前奉行彙併留支項下充餉

書辦一名歲支工食銀七兩二錢於康熙十四十七等年奉行全裁歸入起運項下充餉

齋夫門子六名工食額銀五十七兩六錢內荒銀一十六兩零九分六釐六毫六絲五忽六微奉行免扣續於乾隆七年奉行裁汰訓導役食銀二十八兩八錢彙併留支項下充餉

遇閏加銀四兩八錢內開荒銀九錢三分七釐一毫四絲六忽四微奉行免扣續照前奉行裁汰訓導役食閏銀二兩四錢彙併留支項下充餉

教官喂馬草料銀二十四兩每員銀一十二兩於康熙十四十七等年奉行全裁歸入起運項下充餉

膳夫二名工食額銀一十三兩三錢三分三厘三毫四絲係廩生支領

遇閏加銀一兩一錢一分一厘一毫係廩生支領

藤橋埠巡檢司巡檢康熙四十三年奉裁

通遠埠巡檢司巡檢乾隆四年改爲永寧司

俸銀一十九兩五錢二分遇閏加銀一兩六錢二分六厘六毫續奉行閏俸裁扣解布政司充餉

薪銀一十二兩遇閏加銀一兩續奉行閏銀裁扣解布政司充餉

書辦一名歲支工食銀七兩二錢順治九年四月會議每月給銀

崖州志　卷之三　賦役志　[二十]九

五錢歲共給銀六兩裁扣銀一兩二錢解部
遇閏加銀六錢照前會議給銀五錢裁扣銀一錢解部續奉行全裁歸入起運項下
皂隸二名每名歲支工食銀三兩共銀六兩遇閏
加銀五錢
抱歲埠巡檢司巡檢乾隆四年改為樂安司
俸銀一十九兩五錢二分遇閏加銀一兩六錢二分六厘六毫續奉行閏俸裁扣解布政司充餉
薪銀一十二兩遇閏加銀一兩續奉行閏銀裁扣解布政司充餉
書辦一名歲支工食銀七兩二錢順治九年四月會議每名月給

銀五錢歲共給銀六兩裁扣銀一兩二錢解部續奉全裁歸入起運項下

遇閏加銀六錢照前會議給銀五錢裁扣銀一錢解部續奉全裁歸入起運項下

皂隸二名每名歲支工食銀三兩共銀六兩遇閏加銀五錢

義寧驛驛丞今裁俸薪及書役工食與巡檢同

本州儒學廩生三十名每名歲支廩粮銀二兩四錢共銀七十二兩

以上各項留州備支

協助南番二縣書手銀二兩除荒外尚銀一兩四錢四分一厘零八絲八忽解廣州府轉發二縣貯支

通共留支經費銀一千六百八十六兩三錢二分
四厘遇閏加銀一百一十七兩八錢五分九厘八毫又會議裁扣充餉
銀二百三十三兩六錢遇閏加銀一十七兩八錢
差壯鹽課餘剩銀一兩六錢九分七厘七毫遇閏加銀
七兩一錢六分五厘五毫解布政司充餉
驛傳銀一百三十五兩零一分零四絲內義寧等
三驛應支銀五十三兩二錢五分零四絲
撥湊本州猺差費支應銀三十一兩七錢六分驛
傳餘剩銀五十兩解布政司充餉

均平銀四百八十二兩二錢五分二厘一毫內
歲辦
拜牌習儀香燭派銀三錢六分零二毫七絲二
忽
拜進表箋紙劄派銀一十七兩七錢三分九厘
二毫於康熙十四年奉行留給銀一十三兩三錢零四厘四毫裁扣銀四兩四錢三分四厘八毫歸入起運項下
春秋二祭派銀七十兩零五錢四分文廟銀三十六兩崇
聖名宦鄉賢銀一十四兩五錢四分山川社稷銀二十兩

無祀鬼神每年三祭派銀一十四兩八錢零三厘二毫

曆日派銀一兩七錢五分解司支造

門神桃符派銀六錢於康熙十四年奉行全裁歸入起運項下

迎春土牛芒神春花春鞭三牲祈雨祈晴日食

月食謝雷祭品香燭等項派銀三兩五錢

鄉飲酒禮二次派銀六兩五錢康熙十四年奉行留給銀三兩二錢五分裁扣銀三兩二錢五分歸入起運項下如不舉行全解布政司充餉

本州朔望行香講書紙筆派銀二兩順治九年四月會議全裁解部

答應公差夫馬派銀三十二兩於康熙十四年奉行全裁歸入起運項下

狐老口糧柴布派銀一十七兩三錢於康熙十四年奉行留給銀一十一兩五錢三分三厘九毫裁扣銀五兩七錢六分六厘一毫歸入起運項下

額辦

察考院觀風生員花紅紙筆卷餅每年派銀一十六兩零九分二厘五毫於康熙十四年奉行全裁歸入起運項下

朝覲官員酒席造册紙劄每年派銀四兩於康熙十

本府朝覲官吏盤纏每年派銀二兩一錢三分四年奉行全裁歸入起運項下解府貯支於康熙十四年奉行全裁歸入起運項下

本州朝覲官吏盤纏每年派銀三十三兩一錢六分六厘六毫於康熙十四年奉行全裁歸入起運項下

賀新進士旗匾花紅每年派銀一兩五錢於康熙二十八年奉行全裁歸入起運項下

迎宴新舉人旗匾花紅每年派銀一兩三錢於康熙二十八年奉行全裁歸入起運項下

起送會試舉人銀二十八兩八錢五分七厘内水手銀二十一兩九錢二分四厘又峴岡夫馬銀五兩六錢酒席銀一兩二錢三分三厘於康熙二十八年奉行全裁歸入起運項下

本州儒學歲貢花紅酒席每年派銀五十五兩五錢於康熙二十七年奉行全裁歸入起運項下

本州歲考生員童生入學合用菓餅每年派銀三兩七錢一分於康熙十四年奉行全裁歸入起運項下

本州科舉生員盤纏每年派銀四十四兩一錢六分六厘七毫内解府五兩存州銀三十九兩一錢六分六厘七毫於

康熙十四年奉行全
裁歸入起運項下

雜辦

歲派銀二十四兩零三錢九分零七毫留州貯候凡迎詔接敕香燭陞任生員執事祭江猪羊卷箱損緣修補衙門拾物上司使客下程中伙造冊書手工食教官出入夫馬發學寫榜紙筆買辦檢驗什物總叅官員提兵經過辦送柴燭小菜木鐸老人布帛一應各用未盡事宜俱於前銀動支於康熙十四四十七等年奉裁歸入起運項下充餉

以上共留支銀三百七十三兩二錢六分二厘七
毫
又會議裁扣朔望行香充餉銀二兩
均平餘剩銀一百零六兩九錢八分九厘四毫
留支經制官兵糧食
以上存留各款原額銀二千四百七十一兩五錢
二分三厘八毫四絲又收花藤稅抵傜差夫應
銀三十五兩六錢額銀二千五百零七兩一錢
三分三厘八毫四絲閏銀一百四十三兩八錢二分五厘三毫

內留支各官經費衙役工食驛傳均平等銀二千一百一十二兩八錢三分六厘七毫四絲閏銀一百一十七兩八錢五分九厘八毫又會議裁扣各役工食修宅家伙朔望行香解部充餉銀二百三十五兩六錢閏銀一十七兩八錢

差壯鹽課均平共餘剩解部充餉銀一百五十八兩六錢八分七厘一毫閏銀七兩一錢六分五厘五毫留支經制官兵糧食

又留算田地塘項畝溢出官米一升二合六勺照

糧差例派該銀一分一厘民米九升五合二勺照糧差制編銀一錢零五厘三毫共銀一錢一分六厘四毫另項徵收解充經制官兵糧食

另一項升科開墾民米二十四石一斗九升三合九勺照派糧差例編銀二十六兩七錢二分七厘二毫不入條鞭另項徵作贏餘解充經制官兵糧食

派徵則例

糧科

官米每石派銀三錢一分一厘零七絲七忽
民米每石派銀五錢三分零八毫八絲六忽
生熟黎灶米每石派銀五錢零四厘零九絲六忽
魚課米每石派銀三錢三分二厘一毫九絲五忽
官民灶米無優免每石派銀五錢七分三厘八毫
二絲四忽
民灶米有優免每石派銀一錢零七厘六毫零三
忽

熟黎米每石派銀三錢八分二厘六毫八絲五忽
人丁無優免每丁派銀三錢二分六厘八毫五絲
六忽
人丁有優免每丁派銀七分一厘七毫三絲四忽
婦女每口派銀一厘九毫九絲九忽

起科例

上則田一百六十三頃零七畝六分一厘五毫每
畝科官正耗米二合九勺五抄八撮三圭五粟
例派官糧料銀九毫二絲四差銀一厘六毫九

絲八忽共官糧差銀二厘六毫一絲八忽又科
民正耗米二升六合一勺四抄一撮六圭五粟
例派民糧料銀一分一厘七毫五絲五忽四差
銀一分二厘七毫零五忽共民糧差銀二分四
厘四毫六絲計一畝連官民糧料四差共銀二
分七厘零七絲八忽該銀四百四十一兩五錢七分七厘六毫
中則田七百六十頃零九十三畝八分七厘八毫
每畝科官正耗米二合六勺零四撮七圭六粟
例派官糧料銀八毫一絲四差銀一厘四毫九

絲五忽共官糧差銀二厘二毫零五忽又科民正耗米一升九合四勺九抄五撮二圭四粟例派民糧料銀一分零三毫五絲四差銀一分一厘一毫八絲七忽共民糧差銀二分一厘五毫三絲七忽計一畝連官民糧料四差共銀二分三厘八毫四絲二忽該銀一千八百一十四兩二錢三分零一毫

下則田塘共一千一百五十六頃四十三畝五分五厘三毫每畝科官正耗米一合八勺零七撮

零七粟例派官糧料銀五毫六絲二忽四差銀一厘零三絲七忽共官糧差銀一厘五毫九絲九忽又科民正耗米一升三合五勺二抄四撮九圭三粟例派民糧料銀七厘一毫八絲四差銀七厘七毫六絲一忽共民糧差銀一分四厘九毫四絲一忽計一畝連官民糧料四差共銀一分六厘五毫四絲該銀一千九百一十二兩七錢四分四厘三毫

地九十八頃八十一畝零六厘七毫每畝科官正

耗米一合五勺三抄五撮七圭五粟例派官糧
料銀四毫七絲八忽四差銀八毫八絲一忽共
官糧差銀一厘三毫五絲九忽又科民正耗米
一升一合四勺九抄四撮二圭五粟例派糧料
銀六厘一毫零二忽四差銀六厘五毫九絲六
忽共民糧差銀一分二厘六毫九絲八忽計一
畝連官民糧料四差共銀一分四厘零五絲七
忽該銀一百三十八兩八錢九分八厘一毫
以上田地塘照畝科徵因溢出會計官民米摘出

另項編徵

無優免例

官米一石實編銀八錢八分四厘九毫一絲

民米一石實編銀一兩一錢零四厘七毫一絲

灶米一石實編銀一兩零七分七厘九毫二絲

熟黎米一石實編銀八錢八分六厘七毫八絲一忽

生黎米一石實編銀五錢零四厘零九絲六忽

魚課米一石實編銀三錢三分二厘一毫九絲五

忽
人丁一丁實編銀三錢二分六厘八毫五絲六忽
婦女一口實編銀一厘九毫九絲九忽
有優免例
免民米一石減編銀四錢六分六厘二毫二絲一
忽
免人丁本身一丁今免編銀三錢二分六厘八毫
五絲六忽
前件糧差銀間有遇閏加編具四差丁糧每年優

免多少不一難以定額今以萬曆四十八年會
計糧差爲例下年稍有增減俱聽糧儲道每年
覈實派單照派

本色米數

康熙十年改徵本色米六百零二石一斗三升六
合七勺支兊崖州營兵餉

雍正八年添設水師兵丁於乾隆三年詳奉
部咨准於四年起改徵本色米四百二十八石
四斗支兊水師兵食

共徵色米一千零三十石零五斗三升六合七勺

崖州所

一屯糧額徵米一千三百四十四石每石折銀三錢該銀四百零三兩二錢又每石派銀耗一分五厘該銀二十兩零一錢六分康熙元年知州梅欽請豁屯糧荒米一千零九十八石存米二百四十六石後奉行改徵本色

一軍三料價額銀六兩二錢三分三厘

一軍匠料額銀三兩

一窰匠料額銀三兩六錢遇閏加銀三錢

以上三項詳奉批允湊充所官經費

一表箋盤纏銀一十九兩七錢徵解海南衛備支

雍正三年裁汰衛所其屯米歸州徵收

雍正九年十年十一十二等年屯丁墾復奉文減則每畝科米八升八合八勺一抄共起徵米一十七石四斗零六合七勺六抄

附載

一花藤稅銀三十五兩六錢本州徵湊徭差內支給各官經費用

一渡海牛判餉銀一百三十七兩八錢五分六厘
六毫康熙六年豁除
一椰椰稅四十四兩九錢三分六厘五毫
一門攤商稅銀七兩七錢二分四厘二毫遇閏加銀二錢
五分一厘五毫
一抽收船稅銀一十兩康熙六年豁除
一酒稅銀三兩
一新稅補餉銀二百三十一兩二錢一分六厘九
毫康熙六年豁除

一比附鈔錢七百文折銀一兩康熙六年豁除

以上七項俱徵解充餉康熙六年知州李應謙請豁無徵稅餉銀四百八十兩零七分三釐五毫

一稅契

原額稅銀五十兩又徵科場銀一十六兩六錢六分六釐七毫此項銀兩原無定額遵奉明文通行凡買産人戶每價一兩稅銀三分具奩撥開墾每畝稅銀五分俱據業戶具單赴州投納填給布政司契尾執照續於雍正六年奉文改

用布政司頒發契紙置買産業每價一兩稅銀
三分科場銀一分又於雍正十一年奉行典業
每價一兩稅銀一分五厘科場銀五厘遞年照
額解司充餉及科場支用外餘羨彙解布政司
貯候題用又於乾隆元年正月内欽奉
上諭嗣後凡買賣田房仍著照舊例自行立契按則
納稅將契紙契根永行停止至於活契典業不
必投契用印收取稅銀
又於乾隆二年正月内奉准文行照舊設復契尾

由布政司編號給發地方官粘連民契之後塡
明價值銀數鈐印給民收執其價銀仍令儘收
儘解

一本州新設耤田四畝九分查此項耤田遞年收獲穀石自雍正十三年奉行除粢盛耔種外尚餘存穀石留爲恭祀先農神器品物用

先農粢盛穀四斗

耔種穀一石

一雍正六年奉行奏准

關帝神三代前後殿春秋二祭幷五月十三日致

祭品物銀一十五兩又於乾隆四年奉行照江西省例添給銀二十五兩共銀四十兩遞年於地丁起運銀內動支

一文武缺官俸教官缺俸薪馬廩生空缺廩銀兩原無定額每年遇缺隨扣隨解布政司彙解戶部

一文武缺官薪馬銀原無定額每年員缺隨扣隨解布政司彙解兵部

一本州臨川場

原額竈丁二百一十丁每丁照編徵鹽課銀三錢零七厘五毫共徵鹽課銀六十四兩五錢七分五厘

康熙二十年十一月內奉文按産鹽觔加課照依廣濟橋例每萬觔徵銀一十五兩八錢五分一厘共銀三十一兩一錢九分五厘

康熙二十六年三月內文行小引竈丁每丁增課銀二分共增課銀四兩二錢於康熙三十二年三月內欽奉

上諭自康熙三十二年起着免一半計免銀二兩一
錢
乾隆二年奉文豁免加增銀二兩一錢
實徵銀九十五兩七錢七分
沙田二百一十坵池漏二百一十個例無編徵課
銀總在竈丁輸納
一本州學租田
額田二頃五十六畝三分二厘六毫租銀七兩四
錢五分二厘四毫四絲七忽內除原報荒田二

頃三十七畝四分一厘二毫缺租銀六兩九錢
零三厘四毫四絲七忽現行報墾另報
實在田一十八畝九分一厘四毫除納在州銀賦外通計
每畝徵租銀二分九厘零七絲八忽共實徵租
銀五錢五分

附

康熙七年奉文採買沉香一十三觔每觔開銷正
賦三兩五錢知州張擢士條議苦弊見藝文今每歲辦貢香二十觔
張擢士論曰土田户田按籍而稽崖之人而同

之矣恭奏産植並入正供彼知輸將本色不知
起運折色也知秋冬完糧不知春夏截納也概
繩以賦役成法糧長預期代辦自必倍權子母
終歲勤動竭於一旦實爲屬階緩徵期而戒溢
斂惟有心者加之意耳至歲編魚課始因川澤
之利今海禁日嚴課額如故累官則傷廉累民
則傷體矣又採買沉香歲戊申偶一舉行茲且
相沿爲例將來因弊不在採珠開礦之下安得
不亟望之仁人君子耶

崖州志　卷之三

崖州志卷之四

知州　宋錦　增輯

學正　黄德厚　分修

學校志　附社學

序曰學校之設以育人材人才之興以敦禮教明正學爲首務而科名功業次之士人置身膠庠果能發憤自強毅然以斯道爲己任即蓬蓽終老不害其爲聖賢之徒況和順積中英華發外文章可以華國經濟可以匡時未有不策名

天府對颺王庭者乎乃崖之學宮州人士惑於形家之言遷移者十改易門向者四豈學宮得地即可不學而成名哉後之君子尚其克自振拔慎毋再議更張也作學校志

宋立學在州城外東南郡倅慕容居中移城北後郡守莫預復於故址

淳熙十四年郡守周鄘重修

淳祐五年郡守毛奎移於城西南

元大德間學正齊孟堅鑄銅爵

泰定三年學正陳世卿達魯花赤脫脫木郡使王起復移於城東天曆二年清復學田見羅伯龍贍學田記至正五年同知羅伯顏移於城西後徙於城外西南隅

明洪武三年判官金德仍舊址開設九年知州劉斌重建射圃諸制崖志舊在學東西臨河兹徙東彝彼隙地二十六年州同顧言建明倫堂

永樂九年學正王禮等募建三齋曰時習曰日新曰育材

宣德五年知州侯禮學正賈魯重建

正統十一年知州歐進學正鍾瓊遷學門於東

建號房

天順五年知州王鐸學正許端惠復遷學門於

西南

成化七年知州徐琦以副使涂棐命重修殿廡

堂齋櫺星戟門外門藏書祭器二庫射圃邱濬記見藝文

此頁原本鈔配向字缺

弘治二年副使陳英命知州林鐸遷州治東

正德十年知州徐潭重建櫺星門

嘉靖間知州葉應時改建文廟明倫堂向

萬曆七年知州張永昌移退黌門建進賢門敬

一亭啓聖鄉賢名宦祠一新

萬曆四十一年巡道姚履素允通學諸生請遷

於州治之西舊潮源驛地

崇禎七年知州朱弘學正劉起相唱率諸生置

買民地復遷學於城外東南隅

國朝康熙六年巡道兼學政馬　允知州李應謙學
正朱子虛請復遷於城外西南隅官生俊秀相
率捐助於六年閏四月起工迨康熙七年知州
張擢士任後殿廡祠垣堂齋橋門告成州學原
在東關外兵燹以後前壓教場無存尺土康熙
五年二月二十四日學正朱子虛從闔州貢生
陳師奭等生員吳煥伯周其峩陳謙益陳履仁
王尚璉廖德俊林茂等聯呈移牒知州李應謙
申詳　道　府允行遷今學於南門外西南隅

宋元舊址創建　文廟一所一十四丈四尺五
寸　聖殿濶四丈四尺深三丈五寸東西兩廡
各長三丈七尺深一丈三尺五寸戟門深一丈
五尺長四丈四尺泮池至戟門邊二丈二尺長
一丈四尺深砌一丈六尺向濶三丈四尺至黌
宮門二丈六寸啓聖祠深一丈八寸濶二丈二
寸黌門濶六丈四尺名宦鄉賢二祠各深一丈
五尺濶一丈一尺明倫堂深三丈五寸濶四丈
四尺東西兩齋名長三丈三尺深一丈二尺堂

濶二丈零五寸深一丈二尺後齋一間深一丈三尺濶三丈四尺小書房一間深一丈一尺濶九尺五寸東廚房一間深一丈濶一丈一寸土地祠深九尺濶八尺西邊學書房如式以上興建匠役木石不費民間毫釐皆由俊秀子弟麥應瀾徐方昇馮耀德王曰都裴錦文曾逵廖日暄黃椅魁陳履道慕容文等六十五人捐其魁星樓尊經閣三門圍牆未見建蒙府行知州張摧擢士學正鄭懋昌催完捐貲報竣

雍正十年壬子知州楊城會闔州紳士義捐銀
兩並招捐社生遷建學宮自城外西南隅移於
城內州治東

先師廟號

魯哀公卽　孔子舊宅立廟以歲時祀　孔子誄曰尼父漢高帝過魯以太牢祀　孔子詔諸侯王卿相至郡先謁廟而後從政平帝元始元年初追謚爲成宣尼父魏文帝初祀　孔子於辟雍改謚文聖尼父以顏子回配北魏獻文帝詔郡縣立學祀　孔子與　周公並享坐西牖太和中乃詔宣尼廟別敕有司享薦隋文帝詔國子寺每歲四仲月上丁釋奠州縣仲春仲秋

釋奠唐高祖詔立　孔子專廟太宗又詔天下
州縣皆立　孔子專廟塑像出内庭衮冕以衣
之正南面之位　宗開元二十七年追贈為文
宣王宋太宗詔文宣廟立戟十六真宗咸平中
追贈為　至聖文宣王　用桓圭冕
九旒服九章徽宗時改執鎮圭冕加十二旒門
增二十四戟比戟門之始也元世祖復加封
大成至聖文宣王明洪武三年禮部更定祭器
禮物謂塑像始自異教郡姝縣異惟工之巧拙

以追崇　先聖也十四年首建太學
像　祀以木主十七年敕每月朔望祭
以下　菜禮郡縣長以下詣學行香嘉靖
年從張璁議盡罷諸封爵改稱　至聖先師孔
子天下學宮俱易木主　國朝順治九年定
文廟謚稱　大成至聖文宣先師孔子　四配
十哲暨兩廡從祀諸賢諸儒歷代俱膺封爵自
嘉靖九年始改先賢某子先儒某子凡一切公
侯伯爵悉去之使不混於太廟從祀之例今仍

之
啟聖公自宋大中祥符叔梁紇始進公而王至元稱
啟聖公初宋時顏曾子思配享堂上顏路曾皙
伯魚從祀兩廡洪邁姚燧以為崇子抑父熊禾
謂宜別設一室祀叔梁紇而以三子配明嘉靖
九年詔兩京國子監並天下學校各建啟聖公
祠祀鄉大夫題稱啟聖先公孔氏之神位而以
曾顏思孟四氏配又以程珦朱松蔡元定周輔
成從祀俱改稱先賢某氏先儒某氏雍正元年

追封五代並享蒸嘗加封啟聖公為啟聖王木金公為肇聖王祈父公為裕聖公防叔公為詒聖王伯夏公為昌聖王啟聖祠更名崇聖祠

神主式

先師主高二尺三寸七分濶四寸厚七分座高四寸長七寸寬三寸四分朱地金書　四配主高一尺五寸濶三寸二分赤地金書　啟聖公如之十　兩廡高一尺四寸濶二寸六分厚五分凡從祀賢儒各書姓名位次於背后以防混亂

御製至聖先師孔子贊 康熙二十五年七月初四日

蓋自三才建而天地不居其功一中傳而聖人代宣其藴有行道之聖得位以綏猷有明道之聖立言以垂憲此正學所以常明人心所以不泯也粤稽往緒仰遡前徽堯舜禹湯文武達而在上兼君師之寄行道之聖人也孔子不得位窮而在下秉删述之權明道之聖人也行道者勲業炳於一時明道者教思周於百世堯舜文武之後不有孔子則學術紛淆仁義湮塞斯道

之失傳也久矣後之人而欲探二帝三王之心法以爲治國平天下之準其奚所取衷焉然則孔子之爲萬古一人也審矣朕廵省東國謁祀闕里景企滋深敬摛筆而爲之贊曰

清濁有氣剛柔有質聖人參之人極以立行著習察舍道莫由惟皇建極惟后綏猷作君作師垂統萬古曰惟堯舜禹湯文武五百餘歲至聖挺生聲金振玉集厥大成序書刪詩定禮正樂既窮象繫亦嚴筆削上紹往緒下示來型道不

終晦秩然大經百家紛紜殊途異趣日月無踰
羹牆可晤孔子之道惟中與庸此心此理千古
所同孔子之德仁義中正秉彝之好根本天性
庶幾夙夜最哉令圖遡源洙泗景躅唐虞載歷
庭除視觀禮器摛筆仰贊心焉遐企百世而上
以聖為歸百世而下以聖為師非師夫子惟師
於道統天御世惟道為寶泰山巖巖東海泱泱
墻高萬仞夫子之堂孰歸其藩孰歸其徑　道
不遠人克念作聖

御製四配贊 康熙二十八年閏三月十六日

顏子贊

聖道早聞天資獨粹約禮博文不遷不貳一善服膺萬德來粹能化而齊其樂一致禮樂四代治法兼備用舍行藏王佐之器

曾子贊

洙泗之傳魯以得之一貫曰唯聖學在茲明德新民止善為期格致誠正均平以推至德要道百行所基纂承統緒修明訓辭

子思子贊

於穆天命道之大原靜養動察庸德庸言以育
萬物以贊乾坤九經三重大法是存篤恭慎獨
成德之門卷之藏密擴之無垠

孟子贊

哲人既萎楊墨昌熾子輿闢之曰仁曰義性善
獨闢知言養氣道稱堯舜學屏功利煌煌七篇
並垂六藝孔學攸傳禹功作配

御製臨幸闕里

輦輅來東魯先登夫子堂兩楹陳俎豆數仞表
宫牆道統唐虞接儒宗洙泗長入門撫松柏瞻
拜肅冠裳

康熙二十三年

御製萬世師表匾額

雍正四年

御製生民未有匾額

乾隆三年

御製與天地參匾額

四配姓氏考

復聖顏子 名回字子淵魯人郕國之後

宗聖曾子 名參字子輿魯南城人鄫國之後

述聖子思子 名伋孔子之孫伯魚之子

亞聖孟子 名軻字子輿漢書作子車鄒人本邾國也魯公族孟孫氏之後

十二哲姓氏考

先賢閔子 名損字子騫魯人

先賢冉子 名耕字伯牛魯人為中宰

先賢冉子 名雍字仲弓魯人伯牛之族

先賢宰子 名予字子我魯人仕齊為臨淄大夫

先賢端木子 名賜字子貢衛人為信陽宰後嘗相魯衛

先賢冉子 名求字子有魯人

先賢仲子 名由字子路魯卞人

先賢言子 名偃字子游吳人

先賢卜子 名商字子夏衛人

先賢顓孫子 名師字子張陳陽城人

先賢有子 名若史記字子若家語作子有乾隆三年陞祀

先賢朱子 名熹字元晦號晦菴徽州婺源人登進士歷官煥章閣待制兼侍講罷居武夷

山從學者如市以其駐明經史闡發載籍之理有益斯文為功最弘康熙五十一年陞祀

東廡先賢姓氏考

蘧瑗 字伯玉衛大夫明以孔子所嚴事改祀於鄉今以大聖食於堂上大賢坐於兩廡亦理所安雍正二年復祀

澹臺滅明 字子羽魯武城人

原憲 字子思檀弓作仲憲宋人

南宮适 史記作南宮括家語作南宮縚字子容魯人

商瞿 字子木魯人

漆雕開　家語字子若蔡人　史記字子開魯人

司馬耕　字伯牛家語作司馬黎耕　與史記俱字子牛宋人

梁鱣　字子魚史記註作　鯉字叔魚齊人

冉孺　史記字子魯一作子曾家　語作冉子孺字子魚魯人

伯虔　家語字子揩史　記字子析魯人

冉季　字子產　魯人

漆雕徒父　家語作從父字子　文一作子期魯人

漆雕哆　字子歛史記　作侈魯人

公西赤　字子華　魯人

任人齊 家語作子選楚人史記魯人

公良儒 史記字子正一作子幼陳人

公肩定 家語字子仲史記作堅字子中魯人或曰晉人

鄡單 史記字子家

罕父黑 史記字子索家語作罕父墨字索一字子墨魯人

榮旂 史記字子旗家語作祈字子旂魯人

左人郢 史記字行家語作左郢字子行行魯人

鄭國 家語作薛邦史記訛薛為鄭又避漢高祖諱以邦為國字子徒魯人

原亢 字子抗家語作元桃字子籍史記作原亢籍正義亢作冗魯人

康潔史記字庸家語字子庸衛人

叔仲會字子期文翁圖作噲家語魯人鄭云晉人

公西輿如字子上魯人

邽巽字子歛家語作邦選史記作邽文翁圖避漢諱為國魯人

陳亢字子禽陳人

琴張一作牢家語字子開文翁圖字子張衛人

步叔乘字子車齊人

秦非字子之魯人

顏噲字子聲魯人

顏何　字冉，魯人。明以家語不載罷祀，今以家訓及顏高贊俱稱顏氏人賢，去何止七人矣。雍正二年復祀。

縣亶　字子象。明以史記不載，疑單亶同音，疑是一人，故罷亶而祀鄡單。今以當時原無確據，乃為二人。雍正二年復祀。

樂正克　孟子稱為善人信人，又曰其為人也好善。方孟子之聖門，當在子羔之列。雍正二年增祀。

萬章　齊人。史記稱孟子所如不合，退而與萬章之徒序詩書，述仲尼之意。雍正二年增祀。

周敦頤　字茂叔，營道人，生宋真宗丁巳。學者稱濂溪先生，謚元公。

程顥　字伯淳，洛陽人，生宋仁宗壬申，登嘉祐進士。卒謚純公。文彥博題其墓曰明道先生。

邵雍　字堯夫，范陽人，徙河南，生宋真宗辛亥。

西廡先賢姓氏考

林放　魯人明以家語不在弟子列改祀於鄉今以問禮之本覩炙聖教卽非弟子亦理所安雍正二年復祀

宓不齊　字子賤魯人為單父宰

公冶長（冶）　字子長家語作萇魯人史記齊人范甯云字子芝

公析哀　字季沈史記作晳字季次索隱作公晳齊人

高柴　字子羔衛人家語齊人

樊須　字子遲家語魯人鄭云齊人

商澤　字子秀史記作子季魯人

巫馬期 字子期史記作巫馬施字子旗陳人為單父宰

顏辛 史記作幸字子柳魯人

曹卹 字子循蔡人

公孫龍 家語作寵衛人鄭云楚人孟云趙人字子石

秦商 史記字子丕家語字丕茲魯人鄭云楚人

顏高 字子驕家語作顏刻魯人

壤駟赤 家語字子從史記壤作壤字子徒秦人

石作蜀 字子明家語作石子蜀秦人

公夏守 字子乘史記作首字子乘魯人

后處 史記作後處字子里家語作石處字里之齊人

奚容蒧 家語字子晳史記字子析文翁圖魯人正義衛人

顏祖 字子襄家語作相魯人

句井疆 字子疆史記作句井正義作鉤井闕里志字子野山東志字子孟衛人

秦祖 字子男魯人鄭云秦人

縣成 字子期家語作懸成字子橫魯人

公祖句茲 家語作公孫祖茲字子之魯人

燕伋 字子思家語作級秦人

樂欬 史記字子聲家語作樂欣秦人正義魯人

狄黑 家語字皙之一作子皙衛人

孔忠 字子茂史記作孔子兄孟皮之子家語作孔弗

公西蒧 字子尚史記作子上魯人

顏之僕 家語字子魯人

施之常 字子常史記作子恒魯人

申棖 魯人史記作申黨字周家語作申續字子周文翁圖作申堂後漢碑記作棠鄭鉉作續

左邱明 魯中都人楚左史倚相之後

秦冉 字開蔡人明疑史記誤書罷祀今以史祀列傳既著其姓名復標其字是必實有其

人雍正二年復祀

牧皮 孟子趙岐注云牧皮與琴張曾皙皆事孔子者也是牧皮為聖門高弟無疑雍正二年增祀

公都子 齊人精研性善之旨力闢義外之說雍正二年增祀

公孫丑 齊人趙岐云孟子既歿萬章公孫丑相與記其所言有功於孔孟之道不少雍正二年增祀

張載 字子原郿人生宋真宗庚申

程頤 字正叔洛陽人生宋仁宗癸酉

東廡先儒姓氏考

公羊高齊人生周末子夏門人

伏勝字子賤鄒平人秦博士漢文帝時命晁錯往受尚書

董仲舒廣川人字漢景帝為博士武帝時以賢良對策為江都相及膠西相

後蒼字近君東海郯人生漢宣帝時

杜子春何南緱氏人劉歆弟子生漢哀帝間至明帝時

諸葛亮漢瑯琊人居心仁恕開誠布公知出處大節明君臣大義純乎天理合乎聖道雍正二年增祀

王通字仲淹隋龍門人卒門人謚曰文中子

范仲淹字希文邠州人徙江南吳縣登眞宗祥符進士官至參知政事資政殿大學士封汝

南公卒謚文正康熙五十四年增祀

歐陽修 字永叔廬陵人生宋真宗丁未有文章真學士之號登仁宗天聖進士卒謚文忠

楊時 字仲立將樂人生宋神宗癸巳登熙寧進士以龍圖閣直學士致仕學者稱龜山先生

羅從彥 字仲素南劍人楊時門人生宋神宗元豐間以博羅主簿致仕學者稱豫章先生卒謚文質

李侗 字愿中延平人從彥門人生宋哲宗癸巳朱子受其河洛之業為述延平問荅故稱延平先生謚文靖

呂祖謙 字伯恭其先萊人還居婺州生宋高宗丁巳登隆興進士任著作郎卒謚忠亮號東

萊先生

蔡　沈

字仲默建陽人朱子門人生宋孝宗丁亥隱居九峯山世號九峯先生著尚書集傳諡文正公

陳　淳

字安卿號北溪龍溪人著四書口義其言太極言仁諸篇發明天理全體示學者標準朱子嘗云吾道喜得陳淳雍正二年增祀

魏了翁

字華甫蒲江人登慶元進士當南宋邪說鼓簧之時能維持正學著九經等書於聖道大有發明雍正二年增祀

王　柏

號魯齋金華人何基弟子點校四書經史推明河洛卦疇所訂著百餘萬言皆闡發濂洛精義淵源雍正二年增祀

趙復　字□□德安人元初名儒所著傳道圖伊洛發揮希賢錄北方知有程朱學實自復始雍正二年增祀

許謙　字益之元金華人履祥弟子號白雲著四書叢說等書扶翼經義維持世教學者推原以為朱子世嫡雍正二年增祀

吳澄　字幼清崇仁人弘治八年以宋鄉舉仕元龍乾隆三年復祀

胡居仁　字淑心餘干人生明宣宗甲賓世稱敬齋先生

王守仁　字伯安餘姚人生明宣宗丙辰讀書陽明洞登成化十七年進士以功封新建伯號陽明諡文成

羅欽順　字允昇明泰和人為司業實行教士潛心格物致知之學著困知記周程微言至今

不隆皆其力也雍正二年增祀

西廡先儒姓氏考

穀梁赤 尸子作俶顏師古作嘉字元始魯人生周末子夏門人

高堂生 索隱字伯魯生於秦漢興召為博士

孔安國 字子國孔子十二世孫生漢武帝時為諫大夫臨淮太守

毛萇 趙人毛公亨之子生漢武帝時善說詩為河間獻王博士世稱亨為大毛公萇為小毛公

鄭康成 東漢高密人明改祀於鄉今以其駐經論禮括囊大典網羅百家出處進退一衷於道朱子有大儒之稱雍正二年復祀

范甯　字武子，晉鄢陵人。晉以浮虛相扇，獨甯崇尚實學，其崇實論一篇，闡發仁義，推尊周孔，洙泗之教賴以不墜，實兩晉一人。著穀梁集傳。雍正二年復祀。

韓愈　字退之，號昌黎，脩武人。唐德宗貞元舉進士第，官至吏部侍郎，卒贈禮部尚書，謚文公。

胡瑗　字翼之，海陵人。生宋太宗癸巳，爲湖州教授，召爲國學直講，號安定先生，謚文昭公。

司馬光　字君實，夏縣人。生宋真宗己未，登寶元進士，官至尚書左僕射兼門下侍郎，卒封溫國公，謚文正。

尹焞　字彥明，宋洛陽人，伊川弟子。學窮根本，德備中和，質直弘毅，實體力行，程門若焞者蓋鮮。著論語解，賜和靖處士。雍正二年增祀。

胡安國 字康侯，崇安人。生宋神宗甲寅，登紹聖進士。餘徽猷閣待制，進寶文閣直學士。著《春秋傳》。卒謚文定。

張栻 字敬夫，綿竹人。生宋高宗乙卯，浚之子。以蔭補官，累陞至秘閣修撰。號南軒先生。謚宣公。

陸九淵 字子静，金谿人。生宋高宗已未，登乾道進士。累官知荆門軍。號象山。謚文安公。

黃幹 字直卿，號勉齋，閩人。朱子婿，授以所著書曰：吾道託在此，吾無憾矣。濂洛閩後任道統者，斷推勉齋。後金華四子遞衍其傳，正學賴以不絶。雍正二年增祀。

真德秀 字景元，一字希元，蒲城人。宋寧宗慶元進士。累官戶部尚書、參知政事。著《大學衍義》。號西山先生。謚文忠。

何基 字金華人黃幹弟子得淵源之懿學本真實心地刻苦工夫著學庸解釋大傳啟蒙通書近思錄雍正二年增祀

陳澔 字可大宋季南康人不求聞達博學好古潛心禮經著禮記集註明列於學宮學者稱雲莊先生雍正二年增祀

金履祥 字吉夫號仁山元金華府蘭溪人何基弟子著大學章句疏義語孟集註考証多先儒未發之旨雍正二年增祀

許衡 字平仲河內人生宋寧宗嘉定己巳至元世祖召為集賢大學士兼國子監祭酒號魯齋謚文清

薛瑄 字德溫河津人生明太祖乙巳登永樂進士累官禮部侍郎兼內閣學士學者稱敬

軒先生
諡文清

陳獻章

字公甫新會人生明宣宗戊申正統鄉舉歸隱白沙召不就試特授翰林檢討學者稱白沙先生

蔡清

字介夫號虛齋晉江人明成化進士學以靜虛為主飭躬砥行不愧衾影著易經四書蒙引雍正二年增祀

陸隴其

字　號稼書平湖人康熙庚戌進士幼任斯道精研程朱之學兩任邑令以德化民入官西臺章奏必抒誠悃平生端方孝友笑言不苟著作如林能發前人所未發雍正二年增祀

崇聖祠先賢先儒考

先賢

顏無繇 字路家語顏繇字季路回之父

曾點 字皙家語字子皙史記作蒧參之父

孔鯉 字伯魚伋之父

孟孫激公宜 或曰字公宜軻之父

先儒

周輔成 字敦頤之父以縣令卒贈諫議大夫

張迪 字戴之父神宗時為殿中丞出知涪州立身端潔居官廉直多善政卒後貧不

能歸因葬於郡雍正二年贈祀

程珦　字伯溫顥頤之父仕仁宗知龔州轉中大夫卒封永年伯

朱松　字喬年熹之父高宗時歷司勳吏部郎出知饒州過閩生熹於閩之尤溪卒至元進謚清獻公

蔡元定　字季通隱居西山沈之父聞朱子名往師之當時攻僞學逐熹及元定逐謫道州卒贈迪功郎謚文節

改祀於鄉三人　明嘉靖九年改祀於鄉七人雍正二年復祀蘧瑗林放鄭康成范甯

鄭衆　字仲師東漢開封人杜子春弟子著春秋難記條例周禮註

盧植 字子幹東漢蜀郡人

服虔 字子慎東漢滎陽人

罷祀十一人 明洪武二十九年嘉靖九年二次共罷祀十四人今雍正二年復秦冉顏何乾隆三年後吴澄

公伯寮 字子周魯人以愬子路罷

申黨 漢已成論語註謂黨棖俱一人故罷黨而祀棖

荀況 字卿周末趙人為楚蘭陵令以言性惡罷

揚雄 字子雲漢成都人以為王莽大夫罷

戴聖 字次君漢梁人以贓吏罷

劉向　字子政漢宗室以進神仙方術書且懷冀進之心而罷

賈逵　字景伯東漢扶風人以附會圖讖不修小節取譏當世而罷

馬融　字季長東漢扶風人以依附梁冀奢樂恣性罷

何休　字邵公東漢任城人以註風角等書流於讖緯之學而罷

王肅　字子雍魏東海剡人以為司馬師畫策篡魏罷

王弼　字輔嗣魏山陽人以註易宗旨老莊罷

杜預　字元凱晉杜陵人以建短喪罷

名宦祠

祀唐振州刺史韓瑗嶺南採訪使宋慶禮丞相韋執誼李德裕　宋瓊崖儋萬四州都巡檢使李崇矩知吉陽軍裴瑑周鄘毛奎　元吉陽學正齊孟堅　明知州姚瓘徐琦陳堯恩鄭邦直朱　學正許端惠

鄉賢祠

祀宋知昌化軍陳中孚裴聞義　明戶部侍郎鍾芳山東萊州府知府鍾允謙甌寧縣教諭蕭

成廣西柳州府教授黎景寬廣西來賓縣教諭

部銓廣西慶遠府訓導裴盛

社學附

明成化甲午設社學十六所副使涂棐令州縣内外擇地建設

弘治間崖州所設社學二所訓武弁子弟

典禮志

朔望行香禮

州正印官每月朔望黎明穿補服先詣
文廟至
大成殿丹墀下行三跪九叩首禮畢隨次序赴各廟祠行香乾隆十年奉文著定正印官於朔望赴
文廟行香禮畢即親詣
崇聖祠行禮如或有事不能親詣即委教官敬謹行禮

祭祀

祭

文廟

陳設

正殿祭品

帛一白色　牛一雍正元年命加　羊一

豕一　登一　鉶二

簠四　簋四　籩八

豆八　白磁爵三

東配祭品

帛二白色　羊一　豕一

鉶二　簠二　簋二

籩六　豆六　白磁爵三

西配祭品與東配同

東哲祭品二案

帛一白色　豕一　鉶一

簠二　簋二　籩四

豆四　每位白磁爵一

西哲祭品與東哲同

東廡祭品

帛一（白色）　豕一　（每案）簠一

簋一　籩四　豆四

（每位）爵一

西廡祭品與東廡同

儀注

每遇丁祭預日辰刻教官委生員二名穿公服

鼓樂前導恭送祝文綾帛赴知州衙門至二堂

安置案上承祭官穿補服恭閱祝文僉名印帛

畢仍交該生等恭送回學在
正殿安設行一跪三叩首禮退己刻稟請承祭官
穿補服同分獻各官齊詣明倫堂觀演禮樂畢
禮生引承祭官同分獻官詣省牲所行省牲禮
監視宰牲瘞毛血畢即回至正祭日五鼓承祭
官穿朝服不响鑼不開導至
學宮戟門外面坐候齊少坐俟陳設生員陳設畢
通贊唱起鼓啟門禮生引糾儀官先行三跪九
叩首禮畢至糾儀位立引贊生引承祭官同文

武各官俱至大城成門內立引贊引承祭官至盥洗所盥手授巾畢引至臺階下立分獻官陪祀官分文東武西各俱至臺階下立通贊唱樂舞生各就列執事者各司其事承祭官就位陪祀官分獻官各就位通贊唱迎神協律生唱樂奏咸平之章樂作通贊唱承祭官陪祀官分獻官俱行三跪九叩首禮興樂止通贊唱奠帛行初獻禮協律生唱樂奏寧平之章樂作引贊唱陞壇引承祭官詣酒罇所司罇者舉冪酌酒凡進從東

上退由西下詣
至聖先師孔子位前跪叩首獻帛獻爵叩首興詣讀
祝位立讀祝生至祝案左旁一叩首捧祝版跪
引贊唱跪通贊唱衆官皆跪樂暫歇引贊唱讀
祝讀畢讀祝生安置祝版於正案上一叩首退
樂復作通引齊唱行一叩首禮興引贊引承祭
官詣
復聖顏子位前跪叩首獻帛獻爵叩首興詣
宗聖曾子位前跪如前儀詣

述聖子思子位前跪如前儀詣
亞聖孟子位前跪如前儀引贊引分獻官詣
東哲位前跪如前儀詣
西哲位前跪如前儀引贊引分獻官詣
東廡位前跪如前儀詣
西廡位前跪如前儀各引贊引承祭官分獻官各
復位通贊唱行亞獻禮協律生唱樂奏安平之
章樂作引贊引承祭官詣酒罇所司罇者舉冪
酌酒詣

至聖先師孔子位前跪叩首獻爵叩首興詣四配如
前儀行分獻禮照初獻禮行各復位樂止通贊
唱行三獻禮協律生唱樂奏景平之章樂作引
贊各引承祭官分獻官照亞獻禮行各復位樂
止通贊唱飲福受胙引贊引承祭官詣飲福受
胙位引贊唱跪飲福酒受福胙叩首興復位通
贊唱徹饌協律生唱樂奏咸平之章樂作徹訖
樂止通贊唱送神協律生唱樂奏咸平之章樂
作通贊唱承祭官分獻官陪祀官俱行三跪九

叩首禮興樂止通贊唱捧祝捧帛各恭詣燎位
各生俱至案前行一跪三叩首禮捧起祝文在
前帛次之俱由中堦下送至燎位通贊唱望燎
舉望燎樂樂奏咸平後闋樂作各官兩旁立俟
祝帛過引贊引詣望燎位立祝帛焚半樂止引
贊唱禮畢退

樂章

迎神樂奏咸平之章 無舞

大哉　至聖道德尊崇維持王化斯文是宗典

祀有常精純並隆神其來格於昭聖容

初獻樂奏寧平之章 有舞

自生民來誰底其盛惟師神明度越前聖粢帛具成禮容斯稱黍稷非馨惟神之聽

亞獻樂奏安平之章 有舞

大哉 聖師實天生德作樂以崇時祀無斁清酤惟馨嘉牲孔碩薦羞神明庶幾昭格

三獻樂奏景平之章 有舞

百王宗 師生民物軌瞻之洋洋神其寧止酌彼

金罍惟清且旨登獻惟三於嘻成禮

徹饌奏咸平之章無舞

犧象在前豆籩在列以享以薦既芬既潔禮成

樂備人和神悅祭則受福率遵無越

送神樂奏咸平之章　望燎同俱無舞

有嚴學宮四方來崇恪恭祀事威儀雝雝歆茲

惟馨神馭還復明禋斯畢咸膺百福

舞譜

初獻

自 稍前向外 開籥舞

民 合手蹲 朝上

誰 兩兩相對蹲 東西相向

其 正揖

惟 兩兩相對自下 而上東西相向

神 中班轉身東西相向立惟兩中 班十二人轉身俱東西相向

明 舉翟三 合籥

越 蹈向裏 垂手舞

聖 回身再謙退步側身 向外高手回面向上

生 蹈向裏 開籥舞

來 起辭身向外 高舉籥面朝

底 合手蹲 朝上

盛 起平身出 左手立

師 稍前舞舉 籥垂翟

度 稍前向外 垂手舞

前 向前合手謙進 步相手合籥

粢 正蹲 朝上

帛 稍舞躬身挽手側身向外呈籥舞邊面朝上

具 正揖

禮 兩兩相對交籥兩班俱東西手執籥

斯 向外退挽手舉籥向外面朝上

黍 稍斯舞

非 左右垂手兩班上下俱雙垂手東西相向

惟 左右側身垂手向外開籥垂手舞

之 正揖朝上

畢起

成 起辭身挽手復舉籥正立

容 正揖

稱 回身正立

稷 正蹲朝上

馨 起合手相向立

神 右側身垂手向裏垂手舞

聽 躬而受之躬身朝上拱籥而受之三

亞獻

大　左右退步向外垂手舞

聖　向外落籥面朝上

實　正蹲

生　向裏舞

作　兩兩相對自下而上兩班相對舉籥東西俱垂手轉身東西相向

崇　相向立兩班上下以翟相籥

祀　向裏垂手舞

哉　右向裏垂手舞

師　退向正身立

天　起身向前轉向外舞

德　合手謙進步向前雙手合籥前謙

樂　上下俱垂手惟兩中班上下十二人

以　轉身東西相向立

時　稍前舞蹈兩班上下俱垂手向外

無　合手謙進步向前垂手向外

數 回身再謙兩班上下東西相向合籥立
酤 向東舞
馨 合籥翟朝上正立
牲 躬身正揖
碩 躬而受之躬身朝上拱籥受之一數而起
羞 舞左手叩頭
明 拜一鼓畢即起躬身三鼓平身
幾 舉籥向右躬身舞
格 拱籥躬身而受之

清 稍前舞向外開籥翟
惟 雙手平執籥翟開籥翟
嘉 側身垂左手兩班俱垂手向外舞
孔 雙手舞籥翟躬身
薦 一叩頭舉右手叩頭
神 復舉右手叩頭
庶 二舞蹈舉籥向左躬身舞
昭 舉籥復向左躬身舞

三獻

百 向外開籥舞
宗 側身向外面朝上
生 兩班上下兩兩相對交籥
物 側身向裏落籥
瞻 向外開籥舞
洋 開籥朝上正立
神 向外開籥舞
寧 進步向前雙手合籥

王 向裏開籥舞
師 朝上正立
民 合手朝上正蹲
軌 合籥朝上正立
之 向裏開籥舞
洋 合籥
其 向裏開籥舞
止 回身東西相向手謙

酌向外開籥舞　彼向裏開籥舞

金開籥朝上正立　罍合籥朝上正立

惟內外垂手舞　清向裏垂手舞

且朝上正揖　旨躬身而受之

登躬身向左合籥舞　獻躬身向右合籥舞

惟躬身復向左右籥　三合籥朝上拜一鼓便起身

於側身向外垂手舞　嘻側身向裏垂手舞

成朝上正揖　禮躬身朝南受之三鼓畢起身

祭

崇聖祠　雍正元年追王五代

每歲仲春秋月上丁日致祭

分派教官承祭前期一日儒學委生員恭送祝

文綾帛同

大殿祝帛赴州衙門知州穿補服恭閱祝大僉名印

帛畢同

大殿祝帛仍交　生等恭送回學在

後殿安設行一跪三叩首禮畢退至正祭日四鼓

教官穿朝服詣

祠致祭引贊引承祭官詣盥洗所盥洗畢引至拜
位前立通贊唱執事者各司其事承祭官陪祭
官各就位又唱行三跪九叩首禮奠帛行初獻
禮引贊引承祭官詣酒罇所司罇者舉幕酌酒
詣
肇聖王位前跪獻帛進爵叩首興詣
裕聖王位前跪如前儀詣
詒聖王位前跪如前儀詣
昌聖王位前跪如前儀詣

啟聖王位前跪如前儀詣讀祝位跪通贊唱衆官皆
跪宣讀祝文畢通引齊唱叩首興復位通贊唱
行分獻禮引贊引分獻官詣
東配先賢位前跪獻帛進爵叩首興詣
西配先賢位前跪如前儀詣
東廡先儒位前跪獻帛進爵叩首興詣
西廡先儒位前跪如前儀復位通贊唱行亞獻禮
照初獻禮行分獻禮同前各復位通贊唱行三
獻禮均照亞獻禮行各復位通贊唱飲福受胙

引贊引詣飲福受胙位跪飲福酒受禮胙叩首興引贊引承祭官復位通贊唱徹饌送神行三跪九叩首禮讀祝者捧祝司帛者捧帛恭詣燎所衆官西向立候祝帛過引贊唱詣望燎位衆官至燎所看焚祝帛禮畢退至戟門外候齊文武各官致祭

孔子先師詳前儀注

祭品

崇聖位

帛五白色　羊一　豕一　鉶一

簠一　簋一　籩八　豆八

每位白磁爵一

配位

帛二白色　豕首一　簠一　簋一

籩四　豆四　每位爵一

兩廡

帛二白色　豕肉一　簠一　簋一

籩四　豆四　每位爵一

祭

名宦祠 於丁祭日致祭

鄉賢祠 同上

祭器

白磁爵四十二個　錫登一座

錫簠五十二個　錫簋五十二個

竹籩二百一十個　木豆二百一十個

錫鉶一座　銅酒罇三個 并龍杓把

精銕犧罇一個 連蓋　精銕象罇一個 連蓋

精銕著罇一個　精銕太罇一個

精銕山罇一個　精銕壺罇一個

精銕罍罇一個　龍幕六條

銅爵一百四十九個　俎盤連棹一副

帛盤二十五個　祝文牌二座

乾隆六年製造

方錫香爐二座　方錫燭臺二對

圓錫香爐二座　圓錫燭臺十二對

錫花缾一對

樂器

大麾一面連龍杆　應鼓二面

應鼓頂圍二副珠圍八塊蓋縧四十串

鼉鼓一面　門鼓一面

鼗鼓二面　僉名鼓一面

銅編鐘一十六口有綠縧鳳子

石編磬一十六座有綠縧鳳子

銅特鐘一口有綠縧鳳子　石特磬一座有綠縧鳳子

琴六面　瑟四面

搏拊二面 笙六攢
洞簫六枚 龍簫六枚
篪四枚 塤二個
鳳簫二面 干二面
戚二面 柷一座
敔一座
旌節一對金線蓋八寶帶
三眼籥三十六枚 龍頭翟三十六枚
孔雀尾六十條 雉鷄尾一百零八條

書籍

御纂易經一部

御纂書經一部

御纂詩經一部

御纂春秋一部

御纂性理精義一部

欽定四書文一部

上諭一部

聖諭廣訓一本

學政全書二本

學政條約一本

駁呂留良講義一部

左傳句解一部

國語國策一部

陸稼書四書大全一部

新頒學政全書一部

名教詩二本

御纂康熙字典一部

御製訓飭士子文

上諭滿漢各一本

樂舞生圖一本

祭

關帝廟 附

每歲春秋月遵頒選擇日期暨五月十三日誕
辰致祭

儀注

知州承祭前期一日本衙門恭備祝文綾帛承
祭官穿補服恭閱祝文僉名印帛畢恭送祭所
在祝文桌上安置至正祭日五鼓三點承祭官
穿朝服不响鑼不開導至

廟前坐候齊入

廟致祭儀注與社稷同

春秋祭品

帛一白色 牛一 羊一 豕一

籩十 豆十

五月十三日祭品

帛一白色 牛一 羊一 豕一

果五盤

祭

後殿

三公儀注

教官承祭前期一日知州衙門恭備祝文綾帛
正印官穿補服恭閱祝文僉名印帛畢恭送祭
所至正祭日五鼓初點教官與典史穿蟒服先
詣廟前少坐禮生稟請祭

三公殿通贊唱啟鼓畢引贊引承祭官詣盥洗所盥
洗畢引至拜位前立通贊唱執事者各司其事
承祭官就位陪祭官就位通贊唱行兩跪六叩

首禮興奠帛行初獻禮引贊唱詣酒罇所司罇
者舉冪酌酒詣
光貽公位前跪獻帛進爵叩首興詣
裕昌公位前跪如前儀詣
成忠公位前跪如前儀詣讀祝位跪通贊唱衆官皆
跪讀祝文畢通引齊唱叩首興復位通贊唱行
亞獻禮引贊唱詣酒罇所司罇者舉冪酌酒詣
光貽公位前跪進爵叩首興詣
裕昌公位前跪如前儀詣

成忠公位前跪如前儀復位通贊唱行三獻禮照亞獻禮行復位通贊唱飲福受胙引贊唱詣飲福受胙位跪飲福酒受福胙叩首興復位通贊唱徹饌送神行兩跪六叩首禮興通贊唱讀祝者捧祝司帛者捧帛恭詣燎所又唱衆官西向立俟祝帛過引贊唱詣望燎所衆官至燎所看焚祝帛引贊唱禮畢各退出廟前更朝服坐候承祭官與祭府齊到致祭

關聖帝君詳前儀注

三公春秋祭品

帛各一 白色 羊各一 豕各一 籩各八

豆各八

五月十三日祭品

帛各一 白色 羊各一 豕各一 果各五

盤

祭

社稷壇

每歲春秋仲月上戊日致祭

儀注

知州承祭前期一日本衙門恭備祝文綾帛承

祭官穿補服恭閱祝文僉名印帛畢恭送壇所

在祝文桌上安置隨詣壇所省牲至正祭日五

鼓三點承祭官穿朝服不響鑼不開導至壇前

更衣服候恭府至少坐監禮官先進壇内行三

跪九叩首禮畢至監禮位立通贊唱啟鼓畢引

贊引承祭官詣盥洗所盥洗畢至拜位前立文

武各官俱至拜位前立通贊唱執事者各司其

事承祭官就位陪祭官各就位通贊唱行三跪
九叩首禮又唱奠帛行初獻禮引贊引承祭官
詣酒罇所司罇者舉冪酌酒詣
神位前跪獻帛進爵叩首興引贊引承祭官詣讀
祝位跪通贊唱衆官皆跪引贊唱讀祝文畢通
引贊唱叩首興復位通贊唱行亞獻禮引贊引
承祭官詣酒罇所司罇者舉冪酌酒詣
神位前跪進爵叩首興復位通贊唱行三獻禮照
亞獻禮行畢復位　通贊唱飲福受胙引贊引承

祭官詣飲福受胙位跪飲福酒受福胙叩首興
引贊引承祭官復位通贊唱徹饌送神行三跪
九叩首禮興通贊唱讀祝者捧祝司帛者捧帛
各詣燎所衆官兩旁立俟祝帛過引贊唱詣望
燎位看焚祝帛引贊唱禮畢退

祭品

帛二（黑色） 羊一 豕一 鉶一
簠二 簋二 籩四 豆四

祭

風雲雷雨

山川

城隍之神共一壇

　祭期與社稷壇同期合祭

風雲雷雨居中帛四

山川居左帛二

城隍居右帛一俱白色

　祭品儀注俱與社稷壇同

先農壇三月內擇日致祭

忠義祠　春戊祭日致祭

節孝祠　同前

附

恭遇

萬壽聖節

是日五更文武官員俱穿朝服齊赴

萬壽宮外朝房肅候朝鼓三通禮生稟請分文東武

西齊入　朝賀引至

大殿丹墀下文官立東武官立西通贊唱排班班齊

行三跪九叩首禮畢各入內朝房坐班候黎明

始退前後三日俱穿蟒服坐班

恭遇

皇太后萬壽聖節

儀注與慶賀

萬壽同　乾隆六年奉行前後三日俱穿蟒服坐班永著為例

恭遇

皇后千秋令節

是日五更文武官員俱穿朝服齊赴　公所頭門內少坐肅候朝鼓三通禮生稟請分文東武西齊入　朝賀引至

殿前丹墀下文官立東武官立西通贊唱排班班
齊行三跪九叩首禮畢即退或在朝房少坐向
退前後朔俱不坐班
慶賀元旦令節儀注與慶賀
萬壽同前後三日俱穿蟒服坐班
慶賀冬至令節儀注與慶賀
萬壽同惟不坐班
恭遇
欽頒詔書凡賫

詔生員賫至本州文武官員穿朝服具
龍亭儀仗鼓樂出至東郊外肅候賫
詔生員轎至禮生下轎請賫
詔生員恭捧衆官跪迎候
詔書過興安置
詔書於
龍亭衆官及鼓樂前導賫
詔生員隨亭後行由官道至公所衆官先集頭門外
分文東武西跪迎候

龍亭過輿待
龍亭入至
大殿前文武官分東西隨至丹墀拜位立禮生唱排
班班齊行三跪九叩首禮畢禮生唱授
詔書賫
詔生員將
詔捧授展讀生員展讀生員跪受詔開讀案前宣讀
禮生唱衆官皆跪宣讀畢捧
詔書安置

龍亭中衆官皆跪行三叩首禮興即委屬員鼓樂導
迎
龍亭先回州堂供奉俟恭謄頒發衆官易服與賫
詔生員行禮畢退
恭遇朔望宣講
聖諭十六條
每月朔望會同文武官員穿朝服齊集公所禮
生唱排班班齊行三跪九叩首禮興退班至講
所軍民人等環列肅聽禮生唱恭請開講司講

生詣香案前跪恭捧

上諭登臺老人捧

上諭牌出并振木鐸跪宣讀畢禮生唱請宣講

上諭第一條司講生宣講

聖諭廣訓講畢復講

欽頒律例按次宣講各如前儀